Liebevolle Applikationen

Nähen für Kind & Kinderzimmer

INHALT

Was ist eine Applikation?

Ganz nüchtern und sachlich erklärt versteht man unter einer Applikation dekorative Details, die auf Objekte aufgesetzt werden, oder das Aufbringen von Materialien auf ein Grundmaterial. Doch das drückt nicht im Entferntesten die Welt aus, die sich hinter diesem Fachbegriff verbirgt. Eine Welt, in der Sie Ihrer Fantasie freien Lauf lassen können. Das gilt natürlich in erster Linie für selbst hergestellte Applikationen. Bei den fertig gekauften sind Sie abhängig von vorgegebenen Formen und Farben und – vor allem – von einer begrenzten Auswahl. Grenzenlos dagegen sind die Möglichkeiten, wenn Sie Ihre Applikationen individuell fertigen. Ein nicht zu unterschätzender Vorteil, wenn es darum geht, Selbstgenähtes wie Kleidungsstücke, Heimtextilien und Quilts je nach Bedarf zu verschönern, zu verwandeln, zu verändern oder kindgerecht zu gestalten. Viele wunderschöne Beispiele dafür finden Sie hier in unserem Buch.

Zum Aufnähen der Applikationen auf das Grundmaterial haben Sie die Wahl zwischen Nutz- und Zierstichen, wobei der Zickzack-Stich der meistverwendete ist. Der spezielle Applikationsfuß für die Maschine erleichtert das Aufnähen. Weil der Fuß vorne offen ist, haben Sie eine bessere Sicht, und durch die entsprechend konstruierte Fußsohle kann der Stich leichter nach hinten laufen.

Auch wir haben für unsere Applikationen den Zickzack-Stich verwendet. Seine Breite richtet sich immer nach der Größe der Applikation. Ist sie groß, darf der Stich ruhig etwas breiter eingestellt werden. Am einfachsten lassen sich die Applikationen aufnähen, wenn sie vorher mit einem doppelseitigen Klebevlies auf den entsprechenden Stoff aufgebügelt werden. So kann sich die Stoffkante der Applikation nicht verschieben. Und wenn Sie diese noch zusätzlich mit Stickvlies unterlegen, kann gar nichts mehr schief gehen. Dann zieht sich der Stoff beim Nähen nämlich nicht zusammen und lässt sich grundsätzlich besser führen.

Die Motive und ihre Formen können Sie entweder von Vorlagen kopieren oder selbst zeichnen. Letzteres verleiht den Applikationen natürlich etwas ganz Besonderes und Persönliches – eine eigene „Handschrift".

Verknallte Kuh
auf heiß geliebter Krabbeldecke

„Wie macht die Kuh?" fragen viele Mütter ihre Babys, die ins brabbelfähige Alter kommen, und sind ganz stolz und glücklich, wenn sie die Antwort „Muuh" bekommen. Deshalb wissen die Kids meistens schon sehr früh, was eine „Muh-Kuh" ist. Da spielt es auch keine Rolle, dass LaMuhr©, das knallrote, verliebte Phantasiewesen von Alwina Droll, nicht mehr viel Ähnlichkeit mit dem Original hat. Und wenn Ihr kleiner Liebling diese Illustration dann auch noch auf seiner Krabbeldecke findet, wird diese ab sofort zu den heiß begehrten Objekten seiner kindlichen Begierde gehören.

Stoffbedarf

Weißer Baumwollstoff
140 cm breit
240 cm lang

Roter Baumwollstoff
140 cm breit
50 cm lang

Grüner Baumwollstoff
140 cm breit
60 cm lang

Brauner Baumwollstoff
140 cm breit
10 cm lang

Orangefarbener Nickistoff
140 cm breit
20 cm lang

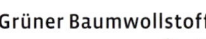

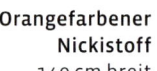

Apfelgrüner Baumwollstoff
140 cm breit
20 cm lang

Roter Nickistoff
140 cm breit
20 cm lang

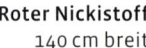

DAS BRAUCHEN SIE

Schwierigkeit

Die Krabbeldecke ist quadratisch und hat eine Größe von 110 cm x 110 cm.

Stoffempfehlung
Baumwollstoffe und Nickistoffe

Stoffbedarf
siehe Auflistung links

Weitere Zutaten
Garn zum Nähen:
- 1 Garnrolle in Weiß
- je 1 Garnrolle in Rot für die Erdbeere, in Grün für den Apfel, in Orange für die Blume

Garn für die Applikation:
- 1 Rolle Maschinen-Stickgarn in Schwarz für die Konturen
- 1 Rolle Maschinen-Stickgarn in Blau für die Augen
- 1 Rolle Stickunterfaden in Schwarz

Einlage und Stabilisatoren:
- 110 cm dicke Volumenvlieseinlage, mind. 110 cm breit
- 35 cm dünnere Volumenvlieseinlage zum Aufbügeln H640, 90 cm breit
- 100 cm doppelseitiger Klebevlies, 90 cm breit (Vliesofix)
- 100 cm Stickvlies, 90 cm breit
- kleines Reststück ca. 10 x 10 cm Filz in Grün und Braun

Nadeln für die Nähmaschine:
- Universal 80, für die Applikation Sticknadeln 90

Aus dem Drogeriemarkt:
- Bratschlauch für die Knisterfiguren

Ripsband: in Weiß 200 cm lang, 1 cm breit

Vorbereitungen

Nähmaschinen-Füßchen für das Projekt
Aus dem Standardzubehör: Standardnähfuß
Weiteres Füßchen, das Ihnen das Nähen erleichtert: Applikationsfuß

Weitere Hinweise zum Nähen
Nahtanfang und -ende mit Rückstichen vernähen. Wenn nichts anderes empfohlen wird, liegen die Stoffteile beim Zusammennähen rechts auf rechts aufeinander.

Zuschneiden

Hinweis: Die Nahtzugabe von 1,5 cm ist jeweils im Zuschnitt enthalten.
Aus dem weißen Baumwollstoff:
1 Quadrat 115 cm x 115 cm für die Vorderseite
1 Quadrat 113 cm x 113 cm für die Rückseite

Aus dem Volumenvlies:
1 Quadrat 113 cm x 113 cm

Applikationen vorbereiten

LaMuhr©, das Gras und die Knistermotive vom Schnittmusterbogen auf Papier kopieren und ausschneiden.

Das Gras
Für das Gras schneiden Sie den grünen Stoff auf 60 cm x 115 cm zu. Bügeln Sie nun auf die Rückseite das doppelseitige Klebevlies auf. Falls das doppelseitige Klebevlies schmaler ist als der Stoff, schneiden Sie ein weiteres Stück Vlies zu. Bügeln Sie es mit eine Überlappung von 0,3 cm auf.

Auf die Papierseite des Klebevlieses können Sie jetzt sehr einfach mit einem Bleistift die Kontur der Grasfläche spiegelverkehrt aufzeichnen. Schneiden Sie die Kontur der Grasfläche aus.

Die Kuh
Schneiden Sie aus dem roten Stoff ein Rechteck 35 cm x 70 cm zu. Aus dem aufbügelbaren Volumenvlies und aus der doppelseitigen Einlage schneiden Sie das Rechteck 1 cm rundherum kleiner zu.
Bügeln Sie zuerst das Volumenvlies auf die Rückseite des Stoffes auf. Auf das Volumenvlies bügeln Sie die doppelseitige Einlage. Spiegelverkehrt zeichnen Sie LaMuhr© auf die Papierseite des Klebevlieses auf und schneiden die Form aus.

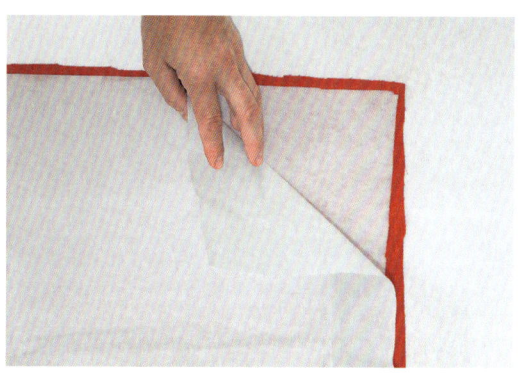

Die Hufe
Auf die Rückseite des braunen Baumwollstoffes bügeln Sie einen Streifen von 8 cm x 15 cm doppelseitiges Klebevlies auf.
Zeichnen Sie spiegelverkehrt die Hufe auf. Papier abziehen, auf LaMuhr© platzieren und aufbügeln.

Die Augen
Auf ein Reststück des weißen Baumwollstoffs bügeln Sie ebenfalls auf der Rückseite ein Stück 10 cm x 10 cm doppelseitiges Klebevlies auf. Zeichnen Sie spiegelverkehrt die Augen auf. Papier abziehen, platzieren und dann aufbügeln.

Unser Tipp:
Die Platzierung der Augen und Hufe geht am besten, wenn Sie von der Papierschablone die Hufe an der Kontur wegschneiden und die Augen ausschneiden.

Linien übertragen

Mit dem Kreidestift übertragen Sie alle Linien auf den Stoff. Das geht am besten, wenn Sie die Schablone an der Linie, die Sie übertragen wollen, einschneiden oder, wie bei den Augen, ausschneiden.

Unser Tipp:
Einlagen lassen sich auf große Flächen am besten aufbügeln, wenn Sie in der Mitte beginnen und zum Rand hin bügeln.

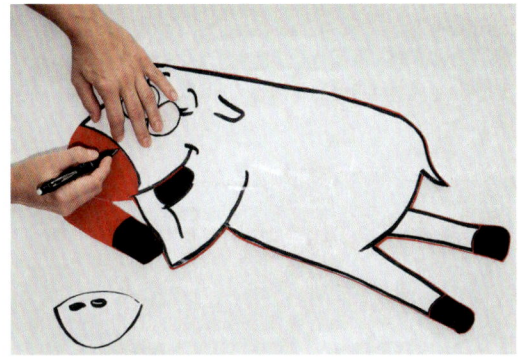

Unterlegen Sie die Kontur mit Stickvlies, danach mit dem Zickzack umnähen. Die Stelle, an der LaMuhr© später liegt, muss nicht genäht werden.

LaMuhr©

Ziehen Sie das Papier des Klebevlieses ab. Noch nicht aufbügeln, nur abziehen!

Die Augen

Bevor Sie LaMuhr© aufbügeln, umnähen Sie die Kontur der Augen und die Wimpern.
Ändern Sie die Stichbreite auf 3 – 3,5 mm, so, wie es Ihnen besser gefällt.
Bei den Augen beginnen Sie mit dem „Augenblau", also fädeln Sie oben blaues Stickgarn in Ihre Nähmaschine ein.
Fädeln Sie erneut das schwarze Stickgarn oben in die Maschine ein. Nähen Sie die zweite Linie der Augen.

Applikationen aufnähen

Einstellung der Nähmaschine

Stichwahl: Zickzack-Stich
Stichlänge: 0,3 – 0,4 mm
Stichbreite: 4,5 mm
Nadelposition: Nähfußmitte
Nähfuß: Applikationsfuß
Oberfadenspannung: 2 – 4
Nähmaschinennadel: Sticknadel 90
Oberfaden: Stickgarn in Schwarz
Unterfaden: Stickunterfaden in Schwarz
Nähen Sie eine Probenaht. Prüfen Sie die Einstellung der Fadenspannung, der Stichbreite und Stichlänge.
Hinweis: Generell unterlegen Sie alle Flächen, die Sie umnähen, mit Stickvlies.

Das Gras

Das Papier vom Klebevlies abziehen und das Gras auf die Vorderseite der Decke aufbügeln.

Bei den Wimpern nähen Sie von der Spitze aus zum Auge hin. Für einen schöneren Übergang können Sie die Enden spitz gestalten. Das ist möglich, wenn Sie die Breite des Zickzack-Stiches verändern. Auch das probieren Sie vorher auf einem Stück Reststoff aus. Beginnen Sie mit einer Breite von 1,5 mm, nähen Sie 3 bis 5 Stiche und stellen Sie dann die Stichbreite auf 2,5 mm. Mit dieser Einstellung nähen Sie erneut 3 bis 5 Stiche. Verfahren Sie so weiter, bis die maximale Stichbreite, die Sie nähen wollen, erreicht ist.

Nähen Sie die Innenkonturen der Hufe, dann die Innenkonturen des Kuhmauls.

Die Kontur um LaMuhr© herum habe ich in folgender Reihenfolge genäht:
1| Vorderes Bein vom Ellenbogen beginnen bis zum Gesicht hin.
2| Bei dem vorderen Bein die obere kurze Kontur zwischen Gesicht und Unterarm.
3| Das obere hintere Bein komplett außen.
4| Das untere hintere Bein vom Hintern bis zum Ellenbogen.
5| Den Ellenbogen im Körper beginnen bis hin zum Gesicht.
6| Jetzt die Gesichtskontur bis zum Ohr.
7| Am Ohr beginnen, den Rücken entlang, das Schwänzchen und die Po-Kontur.
8| Zum Schluss die Herzchen umnähen.

Stellen Sie die Stichbreite auf die ursprüngliche Breite zurück. Nähen Sie jetzt die Kontur der Augen, danach die Augenbrauen. Die nächsten Schritte sind das Ohr und die Nüstern.
Entfernen Sie von der Rückseite das Stickvlies.

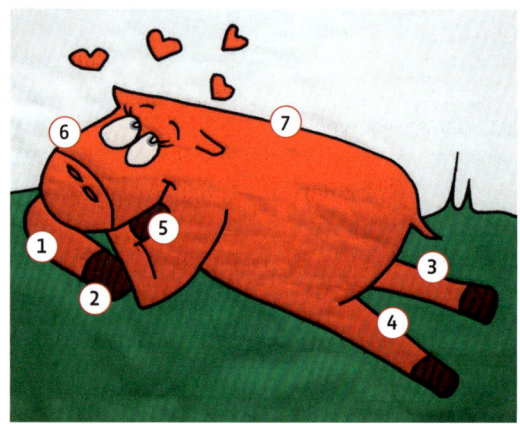

Platzieren Sie LaMuhr© mit den Herzchen auf das Gras und bügeln Sie sie auf.

Unser Tipp:
Damit das Volumenvlies beim Applizieren nicht stört, nähen Sie die Kontur mit Geradstich, Stichlänge 2,5 mm, schmalkantig fest.

Stellen Sie erneut den Zickzack-Stich ein, und unterlegen Sie die Nähte mit Stickvlies.

Unser Tipp:
Die Kontur lässt sich einfacher nähen, wenn Sie die Decke von allen Seiten einrollen. Lassen Sie nur die Stelle frei, die gerade appliziert wird.

Decke fertigstellen

Breiten Sie die Vorderseite mit der rechten Seite nach oben auf einer glatten Fläche aus. Legen Sie die Rückseite mittig, rechts auf rechts auf die Vorderseite. Das Volumenvlies glatt auf die Rückseite auflegen. Das Volumenvlies und die Rückseite haben das gleiche Maß, die Vorderseite ist ringsherum 1 cm größer. Heften Sie die drei Lagen mit langen Stecknadeln. Schneiden Sie die Nahtzugabe der Vorderseite bis zu der Kante der Rückseite zurück. Jetzt sind alle drei Lagen gleich groß.
Stellen Sie den Geradstich Ihrer Nähmaschine ein.

Einstellung der Nähmaschine

Stichwahl: Geradstich
Stichlänge: 3 mm
Nadelposition: Nähfußmitte
Nähfuß: Standardnähfuß
Oberfadenspannung: 3 – 5
Oberfaden: Allzweckfaden in Weiß
Unterfaden: Allzweckfaden in Weiß

Nähen Sie die Lagen im Abstand von 1,5 cm zur Schnittkante zusammen. An einer Seite lassen Sie die Naht ca. 20 cm zum Wenden offen. Die Nahtzugabe ausbügeln, Ecken zurückschneiden, danach die Decke durch den Schlitz wenden. Nochmals bügeln und den Schlitz mit Handstichen zunähen.

- - - - - - - - - - - - - - - - - - - -

Vorbereitungen für die Knister-Motive

Die Schritte zum Nähen der Erdbeere und des Apfels sind sehr ähnlich. Auch die Einstellung der Maschine ist gleich. Das Gesicht, der Mund und die Augen werden mit einem Zickzack-Stich genäht. Den Geradstich mit der Standardeinstellung stellen Sie zum Fertignähen ein.

Einstellung der Nähmaschine

Stichwahl: Zickzack-Stich
Stichlänge: 0,35 – 0,45 mm
Stichbreite: 2,5 – 3 mm
Nadelposition: Nähfußmitte
Nähfuß: Applikationsfuß
Oberfadenspannung: 2 – 4
Nähmaschinennadel: Sticknadel 90
Oberfaden: Stickgarn in Schwarz
Unterfaden: Stickunterfaden in Schwarz

Die Erdbeere

Schneiden Sie das Erdbeergrün von der Schablone ab.

Legen Sie die Schablone auf den grünen Filzstoff und schneiden Sie die Kontur aus. 1 cm Nahtzugabe brauchen Sie nur am Ansatz, die Blätter können Sie direkt an der Schablone entlang schneiden.

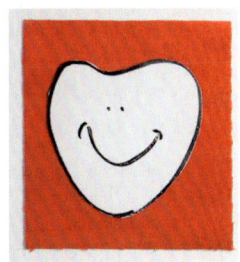

Schneiden Sie aus dem roten Nickistoff für die Vorder- und Rückseite der Erdbeere zwei Rechtecke mit 10 cm x 12 cm.

- - - - - - - - - - - - - - - - - - - -

Der Mund und die Augen

Übertragen Sie auf die Vorderseite die Linie für den Mund und die Pünktchen für die Augen.
Das geht am einfachsten, wenn Sie vorher die Mundlinie in der Papierschablone mit einer spitzen Schere oder mit dem Nahttrenner der Linie entlang schneiden, sodass Sie mit dem Kreidestift durchzeichnen können. Die Pünktchen für die Augen mit einer Stecknadel durchstechen und mit Kreidestift markieren.

Unterlegen Sie den Stoff mit Stickvlies und nähen Sie mit dem Zickzack-Stich den Mund und die Augen. Anschließend das Stickvlies von der Rückseite vorsichtig wegreißen.

Legen Sie erneut die Schablone auf den Stoff, und übertragen Sie die Kontur der Erdbeere.
Platzieren Sie das Erdbeergrün so, dass der Ansatz über die Kontur hinausragt.

Aus dem Ripsband schneiden Sie ein 5 cm langes Stück. Legen Sie die Schnittkanten zu einer Schlaufe aufeinander, danach die Schlaufe auf den Stiel. Die Schnittkanten der Schlaufe zeigen über die Kontur hinaus.

Heften Sie das Erdbeergrün und die Schlaufe. Kleine Teile, die leicht verrutschen, heften Sie am besten mit dem Geradstich. Fädeln Sie das rote Garn oben und unten in Ihre Nähmaschine und wählen

Sie den Geradstich mit der Grundeinstellung an.

Stecken Sie die Rückseite der Erdbeere rechts auf rechts auf die Vorderseite. Legen Sie die Schablone spiegelverkehrt auf die Erdbeere und nähen Sie die Kontur nach. An einer Seite lassen Sie ca. 3 cm der Naht zum Wenden offen.

Schneiden Sie die Nahtzugabe bis auf 1 cm zurück. Danach die Nahtzugabe einschneiden und die Erdbeere wenden.

Die Erdbeere mit der Knisterfolie füllen. Nicht zu viel, sodass die Erdbeere flach bleibt.
Den Schlitz mit ein paar Handstichen zunähen.

Der Apfel

Schneiden Sie aus dem apfelgrünen Baumwollstoff zwei Quadrate 15 cm x 15 cm für die Vorder- und Rückseite der Figur.

Schneiden Sie den Stiel und das Kelchblatt ab.
Schneiden Sie den Apfel aus der dünneren Volumenvlieseinlage zum Aufbügeln aus und bügeln Sie ihn auf den grünen Stoff auf.

Wie bei der Erdbeere übertragen Sie die Linie für den Mund und die Pünktchen für die Augen.
Stellen Sie den Zickzack-Stich mit der gleichen Einstellung wie bei der Erdbeere ein.

Unterlegen Sie die Stelle mit Stickvlies und nähen Sie den Mund und die Augen.

Das Stickvlies jetzt von der Rückseite vorsichtig wegreißen.

Legen Sie erneut die Schablone auf den Stoff und übertragen Sie die Außenkontur vom Apfel.

Schneiden Sie aus dem braunen Filzrest den Apfelstiel und das Kelchblatt aus. Platzieren Sie den Stiel und das Kelchblatt so, dass der Ansatz aus der Kontur hinausragt.

Aus dem Ripsband schneiden Sie ein 5 cm langes Stück. Legen Sie die Schnittkanten zu einer Schlaufe aufeinander und die Schlaufe auf den Stiel. Die Schnittkanten der Schlaufe zeigen über die Kontur hinaus.
Fädeln Sie in Ihre Nähmaschine oben und unten das grüne Garn ein.
Nähen Sie den Stiel mit der Schlaufe und das Kelchblatt mit dem Geradstich fest.

Stecken Sie die Rückseite von dem Apfel rechts auf rechts auf die Vorderseite.
Nähen Sie an dem Volumenvlies entlang. An der Seite lassen Sie ca. 3 cm der Naht zum Wenden offen. Schneiden Sie die Nahtzugabe bis auf 1 cm zurück.

Das Besondere an unserer Krabbeldecke

Liebevolle Applikations-Details

Die Nadelführung ist entscheidend. So verraten Augen und Mund der Kuh, dass sich hier jemand herzerweichend nach seinem Liebsten sehnt. Erdbeere, Apfel und Blume dagegen stecken den kleinen Deckenkrabbler mit einem Smiley-Gesicht zum fröhlichen Lachen an.

Knisternde Gute-Laune-Motive

Wo kommt denn das Rascheln her? Nichts lässt ein schreiendes Baby oder brüllendes Kleinkind schneller verstummen als ein Gegenstand, der unerwartete Geräusche von sich gibt, sobald man ihn anfasst. Deshalb war Gabys und Petulas zündende Idee mit dem Knisterpapier in Motiven zum Anbinden einfach genial!

Nahtzugabe ein-
schneiden und den
Apfel wenden. Den Ap-
fel mit der Knisterfolie
füllen und zwar so,
wie bei der Erdbeere,
damit die Figur flach
bleibt.

Den Schlitz mit ein paar
Stichen per Hand
zunähen.

Das Blütenblatt durch
den Schlitz wenden
und mit Knisterfolie
füllen. Auf ein kleines
Stück Papier die Num-
mer aufschreiben und
auf das Blütenblatt
heften.

Wenn alle Blütenblätter so weit vorbereitet sind,
legen Sie sie zu einer Blume zusammen.

Die Blume

Auf der Rückseite der
Schablone nummerie-
ren Sie die Blütenblät-
ter von 1 bis 5. Schnei-
den Sie jetzt von der
Schablone die Blüten-
blätter ab.

Nähen Sie die Blütenblätter in der Mitte fest.

Aus dem orangefarbe-
nen Nickistoff schnei-
den Sie fünf Streifen
mit 7 cm x 18 cm.
Falten Sie die Stoff-
streifen einzeln auf-
einander. Die rechte
Stoffseite liegt dabei

innen. Übertragen Sie
jeweils die Kontur eines Blütenblattes.
Verlängern Sie den Ansatz um 1 cm für die Nahtzugabe.

Für die Mitte der Blume (Fruchtblätter, Stem-
pel) brauchen Sie 2 Quadrate aus dem braunen
Baumwollstoff 5 cm x 5 cm. Aus dem dünneren
Volumenvlies und aus dem Stickvlies schneiden
Sie jeweils ein Quadrat 4 cm x 4 cm zu.

Fädeln Sie oben und un-
ten das passende Garn
in Ihre Nähmaschine
ein und nähen Sie die
Linie mit dem Gerad-
stich nach. Schneiden
Sie die Nahtzugabe bis
auf 1 cm zurück.

Auf die rechte Seite der Blumenmitte übertragen Sie mit dem Kreidestift die Konturen der Augen und des Mundes. Bügeln Sie das Volumenvlies auf der Rückseite in der Mitte auf.

Stellen Sie den Zickzack-Stich mit der gleichen Einstellung wie bei der Erdbeere ein. Fädeln Sie oben in Ihre Maschine das schwarze Stickgarn,

als Unterfaden verwenden Sie den schwarzen Stickunterfaden. Unterlegen Sie die Stelle mit Stickvlies und nähen Sie den Mund und die Augen. Danach das Stickvlies von der Rückseite vorsichtig wegreißen.

Platzieren Sie zuerst auf einer Seite das Blumengesicht auf die Mitte. Mit dem Geradstich nähen Sie den Kreis nach. Legen Sie jetzt das zweite Quadrat auf die Rückseite der Blumenmitte. Nähen Sie nochmals von vorne die Kontur auf.

Schneiden Sie den Stoff auf beiden Seiten bis zum Geradstich zurück.

Auf der Rückseite nähen Sie eine Schlaufe aus dem Ripsband auf. Auch hier nach dem Nähen die Zugabe zurückschneiden.

Stellen Sie den Zickzack-Stich ein letztes Mal ein. Von der rechten Seite übernähen Sie die offene Kreiskante.

Knister-Motive anbringen

Das restliche Ripsband in 3 gleich lange Teile schneiden. Auf der Decke markieren Sie nach Empfinden die Stellen, an denen Sie die Figuren festbinden möchten. Ich habe sie in die linke obere Ecke verteilt.

Stellen Sie den Geradstich ein und fädeln Sie oben und unten das weiße Garn ein. Nähen Sie die Mitte des Bandes mit dem Geradstich an der Markierung fest.

Das Band durch die Schlaufe der Figur ziehen und anbinden.

Fröhlicher Elefant
auf pflegeleichter Wickelauflage

Noch im Kinderwagen besucht der Nachwuchs mit seinen Eltern bereits einen Zoo. Und welches der vielen Wildtiere bleibt in seinem kleinen Köpfchen wohl am nachhaltigsten in Erinnerung? Richtig! Der Elefant. Mit seiner imposanten Größe, den riesigen Schlappohren und vor allem dem langen Rüssel beeindruckt der große Dickhäuter seinen kleinen Besucher mächtig. Und plötzlich fällt diesem ein, dass es Jumbo ja schon längst kennt: Nämlich von Alwina Drolls lustiger Illustration LaFant© auf seiner Wickelauflage!

Stoffbedarf

Weißer Baumwollstoff
140 cm breit
180 cm lang

Gelber Baumwollstoff
140 cm breit
40 cm lang

Gemusterter Baumwollstoff
140 cm breit
60 cm lang

Weißer Frotteestoff
140 cm breit
70 cm lang

Schwarzer Baumwollstoff
Reststück 10 cm breit
10 cm lang

DAS BRAUCHEN SIE

Schwierigkeit

Die Wickelauflage ist quadratisch und hat eine Größe von 80 cm x 80 cm. Das Mittelstück 50 cm x 65 cm ist mit Druckknöpfen befestigt und kann zum Waschen abgenommen werden.

Stoffempfehlung
Für die Wickelauflage: Baumwollstoff
Für das abnehmbare Mittelstück: Frotteestoff und Baumwollstoff
Für die Einfassung: Baumwollstoff

Stoffbedarf
siehe Auflistung links

Weitere Zutaten
Garn zum Nähen:
• 1 Garnrolle in Weiß
Garn für die Applikation:
• 1 Rolle Maschinen-Stickgarn in Schwarz für die Konturen
• 1 Rolle Stickunterfaden in Schwarz
Einlage und Stabilisatoren:
• 85 cm dicke Volumenvlieseinlage, mind. 110 cm breit
• 35 cm dünnere Volumenvlieseinlage zum Aufbügeln H640, 90 cm breit
• 35 cm doppelseitige Klebeeinlage, 90 cm breit (Vliesofix)
• 35 cm Stickvlies, 90 cm breit
Verschlüsse:
• 4 Druckknöpfe passend zum Stoff
Nadeln für die Nähmaschine:
• Universal 80
• für die Applikation die Sticknadeln 90

Vorbereitungen

Nähmaschinen-Füßchen für das Projekt
Aus dem Standardzubehör: Standardnähfuß. Weitere Füßchen, die Ihnen das Nähen erleichtern: Applikationsfuß, Schmalkantenfuß.

Weitere Hinweise zum Nähen
Nahtanfang und Nahtende mit ein paar Rückstichen vernähen. Wenn nichts anderes empfohlen wird, liegen die Stoffteile beim Zusammennähen rechts auf rechts aufeinander.

Zuschneiden

Hinweis: Die Nahtzugabe von 1,5 cm ist im Zuschnitt enthalten.
Aus dem weißen Baumwollstoff:
2 Quadrate 83 cm x 83 cm
1 Rechteck 50 cm x 60 cm
Aus dem gelben Baumwollstoff:
1 Rechteck 30 cm x 40 cm
Aus dem Frottee:
1 Rechteck 50 cm x 60 cm
Aus dem gemusterten Baumwollstoff:
4 Streifen 5 cm breit im diagonalem Fadenlauf
Aus dem Volumenvlies:
1 Quadrat 83 cm x 83 cm
Aus dem Vliesofix:
1 Rechteck 25 cm x 35 cm
Volumenvlieseinlage zum Aufbügeln H640:
1 Rechteck 25 cm x 35 cm

Applikationen vorbereiten

Der Elefant
Den Elefant „LaFant©" vom Schnittmusterbogen auf Papier kopieren und ausschneiden.
Bügeln Sie auf die Rückseite des gelben Baumwollstoffs zuerst das Volumenvlies auf. Danach bügeln Sie auf das Volumenvlies die doppelseitige Einlage auf. Spiegelverkehrt übertragen Sie

die Konturen von LaFant© auf die Papierseite des Klebevlieses. Schneiden Sie die Form aus.

Der Mund
Auf die Rückseite des schwarzen Baumwollstoffes bügeln Sie ein Stück 5 cm x 5 cm doppelseitiges Klebevlies auf. Zeichnen Sie darauf spiegelverkehrt den Mund. Papier abziehen, auf LaFant© platzieren und aufbügeln.

Die Augen
Auf die Rückseite von einem Reststück des weißen Baumwollstoffs bügeln Sie ebenfalls ein Stück 10 cm x 10 cm doppelseitiges Klebevlies auf. Zeichnen Sie spiegelverkehrt die Augen und die Zunge auf. Das Papier abziehen, platzieren und dann aufbügeln.

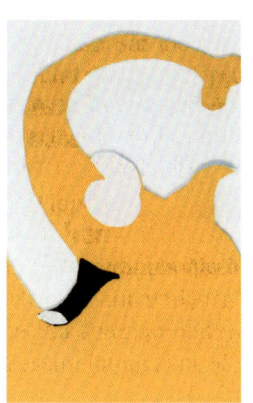

Unser Tipp:
Die Platzierung der Augen und des Mundes geht am besten, wenn Sie aus der Papierschablone den Mund und die Augen ausschneiden.

Linien übertragen
Das Papier vom Klebevlies abziehen, LaFant© auf die Vorderseite der Decke platzieren und aufbügeln. Mit dem Kreidestift übertragen Sie alle Konturlinien auf die Applikation. Durch das Volumenvlies ist die Applikationskante

beweglich und kann sich somit verschieben. Um das zu vermeiden, nähen Sie die Kante mit dem Geradstich schmalkantig fest.

Applikation aufnähen

Einstellung der Nähmaschine
Stichwahl: Zickzack-Stich
Stichlänge: 0,3 – 0,4 mm
Stichbreite: 2,5 mm

Nadelposition: Nähfußmitte
Nähfuß: Applikationsfuß
Oberfadenspannung: 2 – 4
Nähmaschinennadel: Sticknadel 90
Oberfaden: Stickgarn in Schwarz
Unterfaden: Stickunterfaden in Schwarz

Nähen Sie eine Probenaht. Prüfen Sie die Einstellung der Fadenspannung, der Stichbreite und der Stichlänge.
Unterlegen Sie die Applikation mit Stickvlies.

1| Beginnen Sie mit der oberen Kontur der Zunge. Umnähen Sie die Außenkontur von Auge und Ohr. Danach nähen Sie die Kontur an den Zehennägeln. Nähen Sie jetzt die Konturen, die sich im Inneren der Applikation befinden: die Augenbrauen, die Pupillen, Lachfalte, Lippenstreifen, die Innenkontur des rechten Arms und das Schwänzchen.
2| Im zweiten Durchgang umnähen Sie den Rücken und das angehobene Bein.
3| Jetzt werden die Außenkontur des Mundes, das hintere Bein und der linke Arm umnäht.
4| Danach umnähen Sie das Ohr und die Stirnseite bis zu den Augen, den vorderen Arm, die Innenkontur des Mundes mit der Lippe und dem Rüssel bis hin zum Auge.
5| Zum Schluss werden das Auge und der Bauch umnäht.

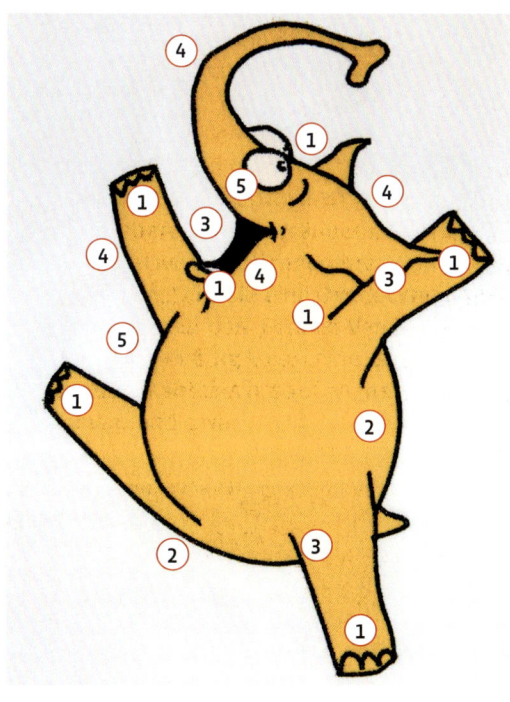

Jetzt das Stickvlies von der Stoffrückseite entfernen und die Applikation glatt bügeln.

Decke fertigstellen

Breiten Sie die Vorderseite mit der rechten Seite nach oben auf einer glatten Fläche aus. Legen Sie die Rückseite mittig rechts auf rechts auf die Vorderseite. Das Volumenvlies glatt auf die Rückseite auflegen. Heften Sie die drei Lagen mit langen Stecknadeln. Stellen Sie den Geradstich in Ihrer Nähmaschine ein.

Einstellung der Nähmaschine
Stichwahl: Geradstich
Stichlänge: 3 mm
Nadelposition: Nähfußmitte
Nähfuß: Standardnähfuß
Oberfadenspannung: 3 - 5
Nähmaschinennadel: Universal 80
Oberfaden: Allzweckfaden in Weiß
Unterfaden: Allzweckfaden in Weiß

Nähen Sie die Lagen im Abstand von 1,5 cm zur Schnittkante zusammen. An einer Seite lassen Sie ca. 20 cm der Naht zum Wenden offen. Die Nahtzugabe ausbügeln, Ecken zurückschneiden, danach die Decke durch den Schlitz wenden. Nochmals bügeln und den Schlitz mit Handstichen zunähen.

Das Mittelstück

Legen Sie den Baumwollstoff auf den Frotteestoff links auf links, Kante auf Kante aufeinander. Heften Sie mit Stecknadeln die zwei Lagen. Damit die Lagen beim nächsten Arbeitsschritt nicht verrutschen, nähen Sie mit dem Geradstich die Stoffe an der Kante füßchenbreit zusammen.

Schrägband vorbereiten
Bügeln Sie die Schnittkanten nach innen, die Kanten sollten sich dabei in der Bandmitte treffen.

Unser Tipp:
Im Handel gibt es Schrägbandformer in verschiedenen Breiten zu kaufen. Der Former hilft Ihnen, die Kanten einfacher zu bügeln. Ich habe hier einen Schrägbandformer mit 25 mm Durchlass verwendet.

Zuerst werden die vier Bänder zu einem langen Streifen aneinandergenäht. Legen Sie dafür die Enden des Bandes rechts auf rechts im Winkel von 90° aufeinander. Es entsteht ein Quadrat. Markieren Sie die Diagonale des Quadrats mit Lineal und Stift. Heften Sie entlang der Diagonale mit Stecknadeln. Prüfen Sie, ob sich das Band richtig legt. Dafür klappen Sie das Band einfach auf. Steppen Sie über die Diagonale dieses Quadrats.

Schneiden Sie die überstehenden Dreieckszipfel bis auf 1 cm zurück und bügeln Sie die Nahtzugabe auseinander.

Verfahren Sie so weiter, bis alle Bänder aneinander genäht sind.

Schneiden Sie an einer Seite die umgebügelte Nahtzugabe 2 mm zurück.

Stoffkante einfassen
Erst eine Seite

Die Frotteeseite ist die rechte Seite des Mittelstücks. Fangen Sie nicht an einer Ecke an, sondern auf der Mitte einer Seite. Zuerst die zurückgeschnittene Kante des Bandes aufklappen. Das Schrägband rechts auf rechts bündig zur Stoffkante legen und heften. Beginnen Sie mit dem Nähen so, dass Sie zunächst ca. 10 cm des Bandes am Anfang ungenäht lassen. Nähen Sie bis zum Eckpunkt. Der Eckpunkt liegt genau im Abstand der Nahtzugabe von der Stoffkante. Die Nahtzugabe ist genauso breit wie der Umschlag des Schrägbandes. Führen Sie den Nähfuß so, dass die Steppnaht genau in dem aufgeklappten Bügelbruch läuft.

Dann die Ecke

Schlagen Sie dazu das Schrägband über die genähte Kante nach links um. Es entsteht eine Schräge von 45°. Das Band liegt jetzt in der geraden Verlängerung der nächsten Kante.

Falten Sie das Band zurück und legen Sie es bündig rechts auf rechts mit der nächsten Kante.

Nähen Sie das Band bis zum nächsten Eckpunkt. Verfahren Sie so weiter, bis alle Ecken genäht sind.

Bandanfang und Bandende zusammenfügen

Wenn alle Seiten und Ecken gesteppt sind, muss das Schrägband zusammengenäht werden. Achtung! Das Schrägband darf am Anfang und Ende 10 cm lang nicht am Stoff festgenäht sein. Legen Sie Anfang und Ende des Schrägbandes glatt übereinander. Die Überlappung muss genauso groß sein wie die Schrägbandbreite. Schneiden Sie die überstehende Länge zurück. Legen Sie nun Anfang und Ende des Bandes rechts auf rechts im Winkel von 90° aufeinander. Es entsteht wieder ein Quadrat. Markieren Sie die Diagonale des Quadrats mit Lineal und Stift.

Heften Sie entlang der Diagonale mit Stecknadeln. Prüfen Sie, ob sich das Band richtig legt. Steppen Sie über die Diagonale dieses Quadrats. Schneiden Sie die überstehenden Dreieckszipfel bis auf 1 cm zurück und bügeln Sie die Nahtzugabe auseinander.
Nähen Sie das Schrägband vollends an dem Mittelstück fest.

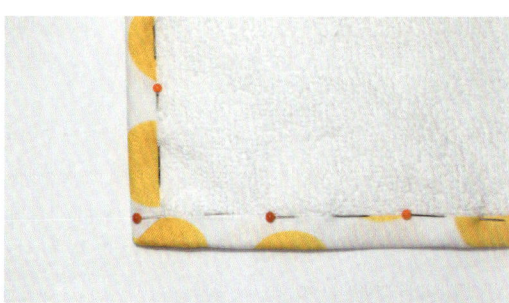

Das Schrägband an dem gebügelten Bruch einschlagen, um die Stoffkante herum schlagen und fixieren.
An der Ecke das Schrägband so falten, dass eine saubere Diagonale entsteht. Das Band legt sich jetzt fast schon automatisch. Heften Sie mit Stecknadeln von der rechten Stoffseite her so, dass die Bandkante auf der linken Seite schmalkantig mitgefasst wird.

Jetzt das Schrägband ringsherum von der rechten Seite im Nahtschatten steppen.

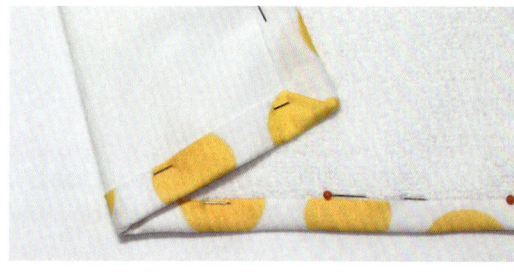

Falls Sie einen Schmalkantenfuß haben, setzen Sie ihn ein. Sie haben mit diesem Nähfuß eine bessere Führung. Die Einstellung in der Maschine bleibt erhalten.

Druckknöpfe anbringen

Markieren Sie im Mittelstück die Stellen, wo die Druckknöpfe angebracht werden sollen. Ich habe jeweils 5 cm von der Kante entfernt in jede Ecke einen Druckknopf eingeschlagen. Schauen Sie sicherheitshalber auf der Verpackung nach, wie die Druckknöpfe angebracht werden müssen.
Das Mittelstück mittig an der unteren Kante der Auflage platzieren. Markieren Sie auf der Auflage die Stelle, wo die Gegenstücke der Druckknöpfe eingeschlagen werden.

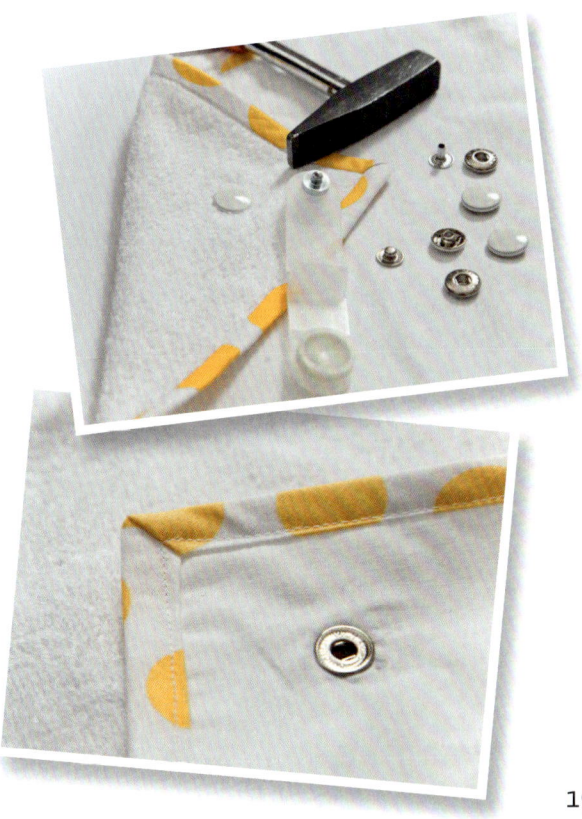

Geniale Giraffe
auf multifunktionaler Wickeltasche

Eine Maus kennt jedes Kind, allein schon durch „Die Sendung mit der Maus", seit Jahrzehnten eine der erfolgreichsten Kindersendungen im deutschen Fernsehen. Da hat es die Giraffe wesentlich schwerer, Sympathien zu erringen. Um gegen so viel Publicity anzukommen, muss sie schon einen ganz schön langen Hals machen. Aber in der Illustratorin Alwina Droll hat das höchste landlebende Tier tatkräftige Unterstützung. Denn deren lustige Figur LaSchiraff© sorgt als Applikation dafür, dass die sympathische Giraffe gerade bei Kindern immer beliebter wird.

Gut gezippt ist halb verpackt

DAS BRAUCHEN SIE

Schwierigkeit

Die Wickeltasche kann aufgeklappt werden. Ganz geöffnet ist sie quadratisch und hat mit den Maßen 63 cm x 63 cm die Größe einer Wickelunterlage. In der Unterlage sind seitlich Fächer eingearbeitet. Dort können Windeln, Cremes, Tücher oder andere Dinge, die im Notfall griffbereit sein müssen, untergebracht werden.

Stoffempfehlung
Für die Außenseite: mittelschwerer Baumwollstoff
Für die Innenseite: Nickistoff
Für die Applikation: Baumwollstoff oder Patchworkstoff

Stoffbedarf
siehe Auflistung links

Weitere Zutaten
Garn zum Nähen:
• 1 Garnrolle in Dunkelblau
• 1 Garnrolle in Hellgelb
Garn für die Applikation:
• 1 Rolle Maschinen-Stickgarn in Schwarz
• 1 Rolle Stickunterfaden in Schwarz
Einlage und Stabilisatoren:
• 15 cm doppelseitige Klebeeinlage, 90 cm breit (Vliesofix)
• 20 cm Stickvlies, 90 cm breit
• 55 cm Gewebeeinlage zum Aufbügeln H740, 90 cm breit
Klettband: 10 cm in Dunkelblau
Endlos-Reißverschluss:
• in Gelb, 1,8 m lang mit 6 Schiebern
Nadeln für die Nähmaschine:
• Universal 80
• für die Applikation die Sticknadeln 90

Stoffbedarf

Dunkelblauer Baumwollstoff
140 cm breit, 140 cm lang

Hellgelber Nickistoff
140 cm breit, 70 cm lang

Gelber Patchworkstoff
110 cm breit, 30 cm lang

Vorbereitungen

Nähmaschinen-Füßchen für das Projekt
Aus dem Standardzubehör: Standardnähfuß, Reißverschlussfuß.
Weitere Füßchen, die Ihnen das Nähen erleichtern: Applikationsfuß, Schmalkantenfuß.

Weitere Hinweise zum Nähen
Nahtanfang und -ende mit ein paar Rückstichen vernähen. Wenn nichts anderes empfohlen wird, liegen die Stoffteile beim Zusammennähen rechts auf rechts aufeinander.

Zuschneiden

Die Nahtzugabe ist im Zuschnitt enthalten.
Aus dem dunkelblauen Baumwollstoff:
1 Quadrat 70 cm x 70 cm
2 Rechtecke 40 cm x 35 cm
2 Streifen 70 cm x 18 cm
1 Streifen 8 cm x 30 cm
1 Quadrat 10 cm x 10 cm
Aus dem Nickistoff:
1 Rechteck 70 cm x 60 cm
Aus dem gelben Patchworkstoff:
1 Rechteck 40 cm x 35 cm
1 Streifen 70 cm x 10 cm
Aus dem Vliesofix:
1 Rechteck 13 cm x 33 cm
Gewebeeinlage zum Aufbügeln H740:
1 Rechteck 38 cm x 33 cm
4 Streifen 3 cm x 70 cm
2 Streifen 3 cm x 60 cm
4 Streifen 3 cm x 20 cm
1 Streifen 70 cm x 10 cm
1 Streifen 8 cm x 30 cm
Aus dem Stickvlies:
1 Rechteck 20 cm x 35 cm
Endlos-Reißverschluss:
2 Reißverschlüsse je 90 cm mit je 3 Schiebern

Applikationen vorbereiten

LaSchiraff© vom Schnittmusterbogen auf Papier kopieren und ausschneiden.
Auf die Mitte der Rückseite des Patchworkstoffes (Rechteck-Zuschnitt 40 cm x 35 cm) bügeln Sie das doppelseitige Klebevlies (Zuschnitt 13 cm x 33 cm) auf.
Übertragen Sie mit einem Kreidestift die Außenkontur von LaSchiraff© auf die rechte Stoffseite.

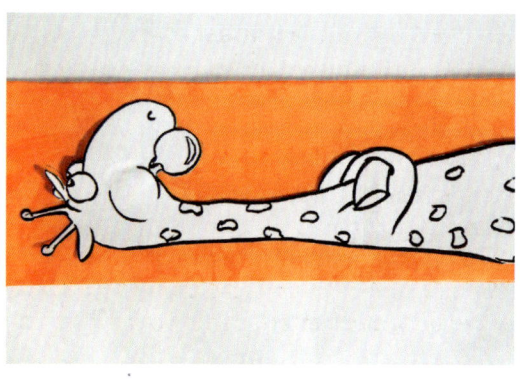

Schneiden Sie nun aus der Papierschablone die Flecken heraus. Die Kontur der Augen, Hände und die anderen Linien schneiden Sie einfach nur ein. Jetzt können Sie diese Linien und Konturen bequem mit dem Stift auf den Stoff übertragen.

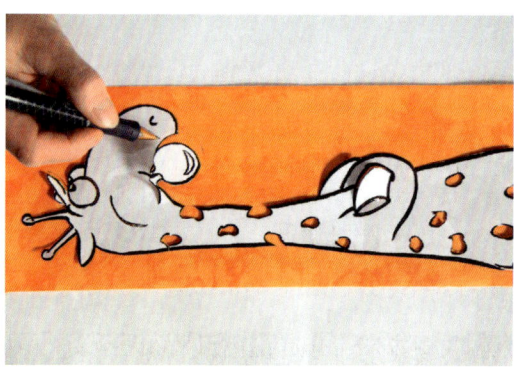

Schneiden Sie jetzt die Kontur von LaSchiraff© aus dem Stoff aus. Das Papier vom Klebevlies auf der Rückseite abziehen und LaSchiraff© auf die Vorderseite der Taschenklappe im Abstand von 5 cm von der unteren Kante platzieren und aufbügeln. Die rechte gerade Kante vom Körper liegt 1 cm von der Seitenkante weg.

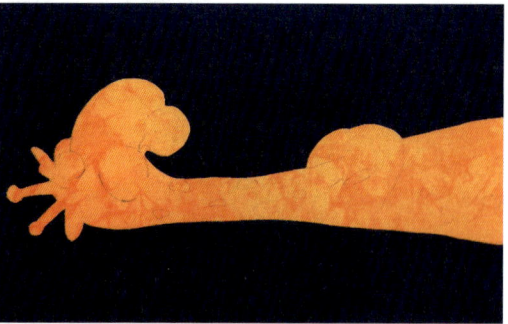

Auf den dunkelblauen Stoff übertragen Sie nun auch alle anderen Linien, die sich außerhalb von LaSchiraff© befinden.

Einstellung der Nähmaschine

Stichwahl: Zickzack-Stich
Stichlänge: 0,35 – 0,45 mm
Stichbreite: 2 mm
Nadelposition: Nähfußmitte
Nähfuß: Applikationsfuß
Oberfadenspannung: 2 – 4
Nähmaschinennadel: Sticknadel 90
Oberfaden: Stickgarn in Schwarz
Unterfaden: Stickunterfaden in Schwarz

Nähen Sie eine Probenaht. Prüfen Sie die Einstellung der Fadenspannung, der Stichbreite und Stichlänge.
Unterlegen Sie die Fläche, die Sie umnähen, mit dem Stickvlies, das Sie zugeschnitten haben.

Applikationen aufnähen

Die Reihenfolge zum Nachnähen der Kontur habe ich nummeriert. Wenn Sie diese Reihenfolge einhalten, sparen Sie sich vielfach das Vernähen. Die Folgenaht übernäht bei meiner Reihenfolge an vielen Stellen den Anfang und das Ende der zuvor genähten Kontur.
Grundsätzlich sichern Sie die Naht, indem Sie die

Fäden nach hinten auf die Rückseite ziehen und verknoten. Falls sich der Faden nicht einfach auf die Stoffrückseite ziehen lässt, fädeln Sie ihn in eine Handnähnadel. Mit der Nadel lässt sich der Faden mühelos auf die Stoffrückseite bringen.

1 | Nähen Sie zuerst die Konturen der Flecken nach.
2 | Den Rücken, den Bauch und die Außenkontur am linken Arm.
3 | Die Außenkontur des rechten Armes und die Verlängerung der Bauchkontur.
4 | Den Hals.
5 | An den Hufen zuerst die Innenlinie, danach die Kontur.
6 | Am linken Ohr die Außenkontur.
7 | Die Pupillen der Augen und die Augenbrauen.
8 | Am linken Auge die Außenkontur. Backen, Nase und den Schatten auf der Kaugummiblase.
9 | Die Fühler und das linke Ohr, danach die Kontur der Nase.
10 | Die Kaugummiblase und das rechte Ohr.
11 | Das rechte Auge und die Mundwinkel.
12 | Zum Schluss die Außenkonturen.

Jetzt das Stickvlies von der Rückseite vorsichtig wegreißen, danach bügeln.

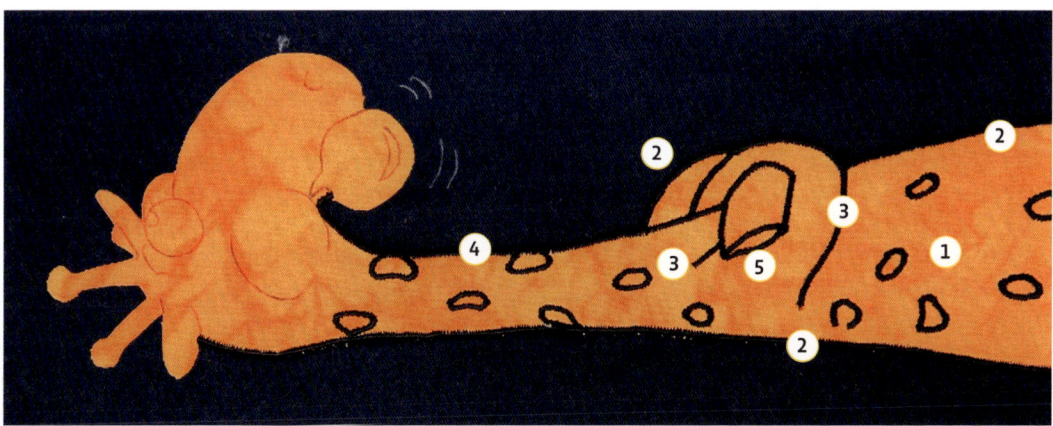

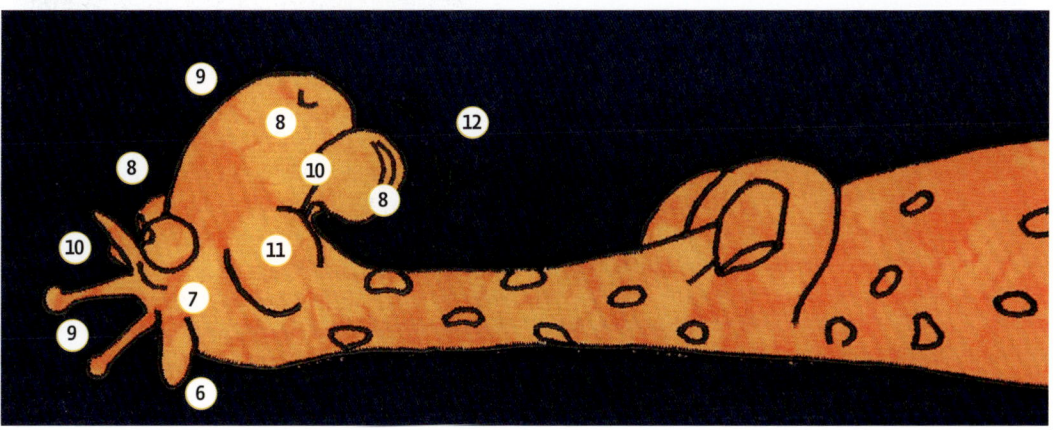

Wickeltasche nähen

Die Hilfslinien markieren

Die Hilfslinien werden auf der rechten Seite des Außenstoffs markiert. Die erste Linie markieren Sie in der Mitte des Stoffquadrats. Alle Hilfslinien, die Sie markieren, verlaufen parallel zur Mittellinie.

Die zweite und dritte Linie verlaufen rechts und links im Abstand von 4 cm von der Mittellinie entfernt. Die vierte und fünfte Linie ist 2 cm von der Schnittkante entfernt. Die sechste und siebte Linie ziehen Sie im Abstand von 18 cm von der Schnittkante.

Den gelben Zierstreifen aufnähen

Sie brauchen aus dem gelben Patchworkstoff den Streifen 70 cm x 10 cm und aus der Gewebeeinlage den 70 cm x 10 cm langen Streifen.

Bügeln Sie auf der Rückseite vom Stoffstreifen die Gewebeeinlage auf. Die Längsseiten 1 cm nach innen bügeln. Breiten Sie den dunkelblauen Zuschnitt der Wickeltasche mit der rechten Seite nach oben auf einer glatten Fläche aus. Fixieren Sie den gelben Streifen mittig zwischen den Hilfslinien.

Einstellung der Nähmaschine

Stichwahl: Geradstich
Stichlänge: 3 mm
Nähfuß: Schmalkantenfuß
Nadelposition: Positionieren Sie die Nadel so, dass diese im Abstand von ca. 2 mm von der Kante weg in den gelben Stoffstreifen einsticht. Die Führung des Schmalkantenfußes läuft an der Kante des Streifens entlang.
Oberfadenspannung: 3 – 5
Nähmaschinennadel: Universalnadel 80
Oberfaden: Allzweckfaden in Gelb
Unterfaden: Allzweckfaden in Dunkelblau

Steppen Sie den Zierstreifen schmalkantig auf beiden Seiten auf.

Die Klettseite des Klettbandes aufnähen

Die Klettseite ist die raue Seite des Klettbandes. Messen Sie von der oberen Kante mittig auf den Zierstreifen 27 cm, markieren Sie die Stelle. Dann nähen Sie die Klettseite des Klettbandes mittig auf der Markierung auf.

Die Innenseite vorbereiten

Sie brauchen den Nickistoff und die Streifen aus der Gewebeeinlage: 4 Streifen 3 cm x 70 cm, 2 Streifen 3 cm x 60 cm, 4 Streifen 3 cm x 20 cm.

Mit dieser Verstärkung wird der Stoff stabilisiert. Damit bleiben die Reißverschlusstaschen formstabil.

Bündig zur Schnittkante auf der linken Stoffseite bügeln Sie die Einlage auf. An beiden 60 cm langen Seiten, den 60 cm langen Einlagestreifen und an den Längskanten zwei 70 cm lange Streifen aufbügeln. Parallel zur Längsseite, im Abstand von 15 cm, einen weiteren Streifen aufbügeln. Quer zwischen den Einlagestreifen im Abstand von 23 cm von der oberen und unteren Kante den 20 cm langen Streifen aufbügeln.

Unser Tipp:

Sie können die Streifen einfacher platzieren, wenn Sie vorher mit einem Markierstift eine Hilfslinie ziehen.

Die Reißverschlüsse einnähen

Die Reißverschlüsse werden rechts und links an der Taschenaußenseite, parallel zum gelben Zierstreifen, genäht.

Die Reißverschlüsse sind ca. 15 cm länger als die Seitennaht der Tasche. Schieben Sie die drei Schieber auf eine Seite. Die Seite mit den Schiebern ist nachher beim Nähen außerhalb des Stoffes und steht über. Das ist so gewollt, damit Sie den Reißverschluss leichter einnähen können.

So wird's gemacht

Auf der linken Stoffseite stecken Sie den Reißverschluss auf. Die Reißverschlussspirale zeigt nach oben, also links auf links.

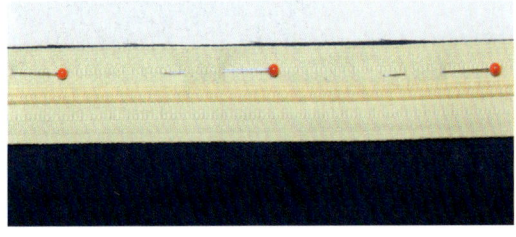

Setzen Sie den Reißverschlussfuß ein und positionieren Sie die Nadel evtl. nach links. Steppen Sie die Naht entlang der Reißverschlusszähnchen im Abstand von 2 mm.

Schneiden Sie die Stoffkante 3 mm zurück.

Klappen Sie den Reißverschluss auf und bügeln Sie die Naht. Der Reißverschluss ist jetzt an der Seite und verdeckt automatisch die Schnitt-

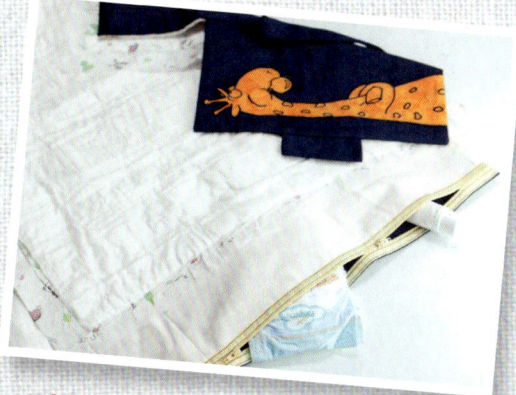

Viel Stauraum

Taschen an der Tasche kann man nie genug haben. Ob Ersatzwindeln, Feuchttücher oder Pflegeprodukte – alles, was Baby beim Wickeln braucht, findet hier seinen sicheren Platz und ist schnell griffbereit.

Schneller Klettverschluss

Die besten Ideen kommen immer noch aus der Natur. So wie der Klettverschluss, der auf dem Prinzip von Klettenfrüchten beruht. Zwei Nylonstreifen, der eine mit flexiblen Widerhäkchen, der andere mit Schlaufen. Zusammengepresst ergeben sie einen belastungsfähigen, reversiblen und schnellen Verschluss.

kante des Stoffes. Fixieren Sie den Reißverschluss mit Stecknadeln. Steppen Sie parallel zur ersten Naht schmalkantig das Reißverschlussband auf. Den anderen Reißverschluss auf der entgegengesetzten Seite genauso einnähen.

Die Taschen vorbereiten

Sie brauchen nun die zwei Streifen 70 cm x 18 cm aus dem dunkelblauen Stoff.
Auf die Längsseite der Stoffstreifen stecken Sie im Abstand von 1 cm die Längsseite des Nickistoffes auf. Die rechten Seiten beider Stoffe zeigen nach oben.

Setzen Sie den Schmalkantenfuß wieder ein und positionieren Sie die Nadel auf die linke Seite. Steppen Sie den Nickistoff schmalkantig entlang der Schnittkante auf.

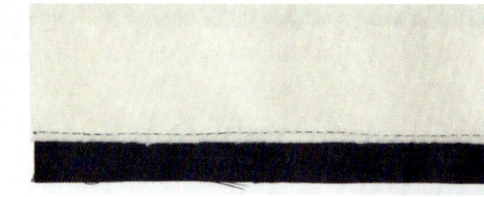

Reißverschluss auf den Innenstoff nähen

Setzen Sie den Reißverschlussfuß wieder ein. Die Nadel ist auf der linken Stoffseite positioniert. Stecken Sie die andere Seite des Reißverschlusses an die Kante der Taschenstreifen. Auch hier, wie vorhin schon bei der Außenseite, auf der linken Stoffseite. Also links auf links. Steppen Sie die Naht entlang der Reißverschlusszähnchen im Abstand von 2 mm.

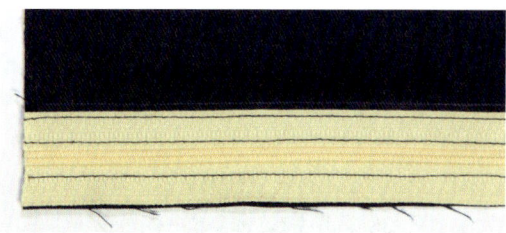

Schneiden Sie die Stoffkante 3 mm zurück.

Klappen Sie den Reißverschluss auf. Der Reißverschluss befindet sich an der Stoffkante, und die Schnittkante vom Nickistoff wird auch von dem Reißverschlussband verdeckt. Bügeln Sie die Naht, danach fixieren Sie den Reißverschluss mit Stecknadeln. Nähen Sie schmalkantig den Reißverschluss auf.
Schieben Sie alle Schieber auf den Reißverschluss, und platzieren Sie jeweils einen in der Mitte, einen nach rechts und einen nach links.

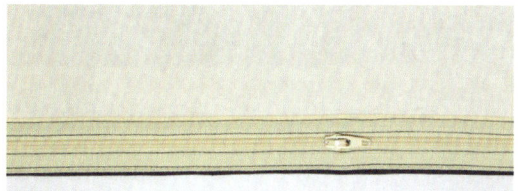

Die Verschlusslasche nähen

Sie brauchen jetzt die Flauschseite vom Klettband und das 10 cm x 10 cm Stoffquadrat.
Falten Sie das Stoffquadrat einmal in der Mitte, die rechte Seite zeigt dabei nach außen. Bügeln Sie den Stoffbruch. Klappen Sie das Stoffstück auf und stecken Sie das Klettband an die gebügelte Kante im Abstand von 5 mm. Steppen Sie das Klettband ringsherum schmalkantig auf.

Legen Sie das Stoffstück jetzt rechts auf rechts, Kante auf Kante, und nähen Sie rechts und links die kurze Seite fest. An den Ecken den Stoff zurückschneiden, Lasche wenden und bügeln.

Der Taschengriff

Sie brauchen den Stoffstreifen und die Einlage, die Sie auf 8 cm x 30 cm zugeschnitten haben. Bügeln Sie die Einlage auf die Stoffrückseite. Legen Sie den Stoffstreifen der Länge nach rechts auf rechts und nähen Sie die Naht. Die Naht ausbügeln und den Streifen wenden.

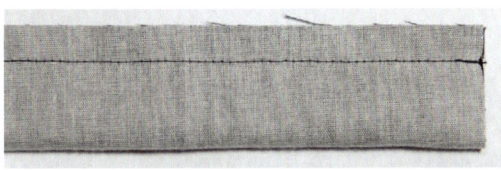

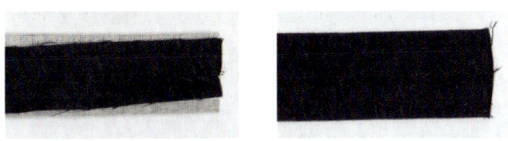

Die Taschenklappe

Sie brauchen den Zuschnitt mit LaSchiraff©, den Stoffzuschnitt 40 cm x 35 cm, die Gewebeeinlage 38 cm x 33 cm und die Lasche, die Sie zuvor genäht haben.

Bügeln Sie mittig die Einlage auf den Stoffzuschnitt. Stecken Sie die Lasche in die Mitte der Taschenklappe, rechts auf rechts, Kante auf Kante. Nähen Sie die Lasche fest. Legen Sie die Giraffe auf den Zuschnitt und nähen Sie die Seite mit der Lasche fest, danach rechts und links die Naht schließen.

Nahtzugabe ausbügeln, an den Ecken den Stoff zurückschneiden, Taschenklappe wenden und nochmals bügeln.

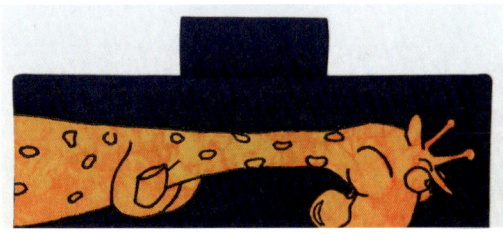

Die untere Kante schließen

Wenden Sie die Auflage, sodass die rechte Seite innen liegt. Stecken Sie die untere Kante fest. Danach nähen Sie die Seite zu.

Die obere Kante schließen

Zuerst den Taschengriff mittig stecken und annähen. Danach die Taschenklappe mittig stecken und annähen.

An der oberen Kante schließen Sie die Naht nur bis zur Taschenklappe.

An den Ecken die Nahtzugabe zurückschneiden und die Auflage wenden. Die Nahtzugabe an der Taschenklappe nach innen bügeln und mit Stecknadeln fixieren. Stecken Sie die Stecknadeln von der rechten Taschenklappe ein, sodass die Nahtzugabe auf der unteren Seite gleich fixiert ist. Jetzt die Naht steppen.

Steppnähte für die Reißverschluss-Taschen nähen

Legen Sie die Auflage flach auf Ihrem Nähtisch aus. Die Außenseite ist dabei oben zu sehen. Stecken Sie die Lagen an den Hilfslinien fest.

Fädeln Sie in Ihre Nähmaschine oben den blauen Faden, unten den gelben Faden ein.

Steppen Sie über die Linien. Zuerst über die langen, danach über die kurzen Linien. Die kurzen Nähte gehen über den Reißverschluss drüber. Somit entstehen jeweils drei Reißverschlusstaschen an der rechten und linken Seite der Auflage. Darin können wichtige Sachen, die zum Wickeln gebraucht werden, verstaut werden.

Nützliche Werkzeuge

Zum Nähen brauchen Sie neben der Nähmaschine zusätzlich Werkzeuge, die Ihnen das Hobby leichter machen. Dazu gehören eine Schere zum Zuschneiden und eine Schere, um Fäden abzuschneiden und Ecken und Nähte zurückzuschneiden. Sie brauchen Markierwerkzeuge, Maßband, Handmaß und verschiedene Nadeln zum Handnähen, zum Stecken und natürlich auch einen Nahttrenner.

... zum Schneiden

Fadenschere
Eine Fadenschere hat nicht nur eine spitze Spitze! Sie schneidet auch die kleinsten Fäden spitze ab!

Papierschere
Mit der Papierschere schneiden Sie Schnittmuster, Seidenpapier und andere Materialien.

1 | Stoffschere
Eine gute Stoffschere nehmen Sie nur, um Stoffe zuzuschneiden.
Auf keinen Fall sollten Sie mit einer Stoffschere andere Materialien schneiden. Für Seidenpapier oder Papier nehmen Sie bitte eine andere Schere. Ihre Stoffschere wird sonst sehr schnell stumpf und fängt an, den Stoff zu rupfen.

Fadenschere/Handschere
Mit der Handschere schneiden Sie die Nahtzugabe an Ecken zurück oder an Rundungen ein. Für Applikationen und Kleinteile ist diese Schere sehr handlich.

2 | Nahttrenner
Auch eine Hobbyschneiderin, die schon viel Routine beim Nähen hat, muss ab und zu eine Naht auftrennen. Das geht am besten mit dem Nahttrenner.

3 | Rollschneider, Lineal und Matte für den Rollschneider
Diese Werkzeuge kaufen Sie sich früher oder später. Sie sind sehr praktisch zum Vorbereiten gerader Zuschnitte, von dünnen und rutschigen Stoffen, Bändern und Schrägbändern.
Vor und während des Nähens gibt es natürlich auch viel zu schneiden. Die Schneidematte ist daher ein Muss, damit der Rollschneider die Tischplatte nicht beschädigt. Ein Lineal ist für gerade Linien oder Zuschnitte das beste Hilfsmittel.

... zum Heften und Nähen

4 | Stecknadeln
Mit Stecknadeln werden Stoffe geheftet und alles fixiert, was es zum Fixieren gibt. Es gibt sie in unterschiedlichen Längen und Dicken und mit unterschiedlichen Köpfen. Verwenden Sie die passende Stecknadel für den Stoff, den Sie verarbeiten. Die Nadelspitze sollte immer einwandfrei sein, damit die Stofffasern beim Durchstechen nicht beschädigt werden.

Die Glaskopfstecknadeln sind die Allroundnadeln. Diese Nadeln sind für viele Stoffe einsetzbar und vertragen die Berührung mit dem heißen Bügeleisen.

Ahle

Mit der Ahle können Sie beim Nähen den Stoff führen oder richten. Dickere Stoffe oder Stoffe, die gerne wegrutschen, können beim Nähen vor dem Nähfuß mit der Ahle gerichtet werden.

... zum Maßnehmen

Handmaß

Mit dem Handmaß markieren Sie die Platzierung von Knopflöchern, Taschen, Abnähern, Falten und Passzeichen. Das Handmaß ist auch sehr handlich zum Abmessen der Saumzugabe und Nahtzugabe beim Zuschneiden.

5 | Maßband

Das Maßband darf in der Nähkiste nicht fehlen. Mit dem Maßband messen Sie die Körpermaße und längere Strecken aus.

... zum Markieren

Kreide-Minenstifte

Damit können Sie dünne und klare Linien markieren. Die Minenstifte eignen sich für fast alle Stoffe. Sie brechen und bröckeln nicht und müssen auch nicht nachgespitzt werden!

6 | Zauberstift

Mit Zauberstiften können Sie auf Stoffe Linien ziehen, die nach einer gewissen Zeit wie von Zauberhand verschwinden.
Den Zauberstift setzen Sie nur dann ein, wenn Sie die markierte Stelle innerhalb weniger Stunden auch verarbeiten. Er eignet sich für viele Stoffarten.

Wasserlöslicher Stift

Die Markierungen mit dem wasserlöslichen Stift gehen erst dann wieder weg, wenn Sie das genähte Teil waschen oder mit einem feuchten Tuch über die Markierung tupfen. Diese Stifte sind sehr praktisch für alle Stoffarten.

... das darf nicht fehlen

7 | Abstandhalter

Er kann an der Stichplatte angeschraubt werden. Messen Sie den gewünschten Abstand und machen Sie den Abstandhalter an dieser Stelle fest.

Bügeleisen, Bügelbrett

Diese beiden Utensilien gehören eigentlich auch in Nähtisch-Nähe. Denn während des Nähens muss immer wieder gebügelt werden. Um eine Folgenaht glatt und ohne Fältchen zu nähen, empfehle ich immer, die bereits genähte Naht auszubügeln. Dafür ist ein Dampfbügeleisen ideal.

Schrägbandformer

Mit dem Schrägbandformer können Sie aus fast jedem Stoff Schrägbänder formen. Diese Bänder brauchen Sie zum Einfassen von Stoffkanten. Sie können auch als Zierband in Kontrastfarbe auf Heimtextilien oder Kleider aufgenäht werden.

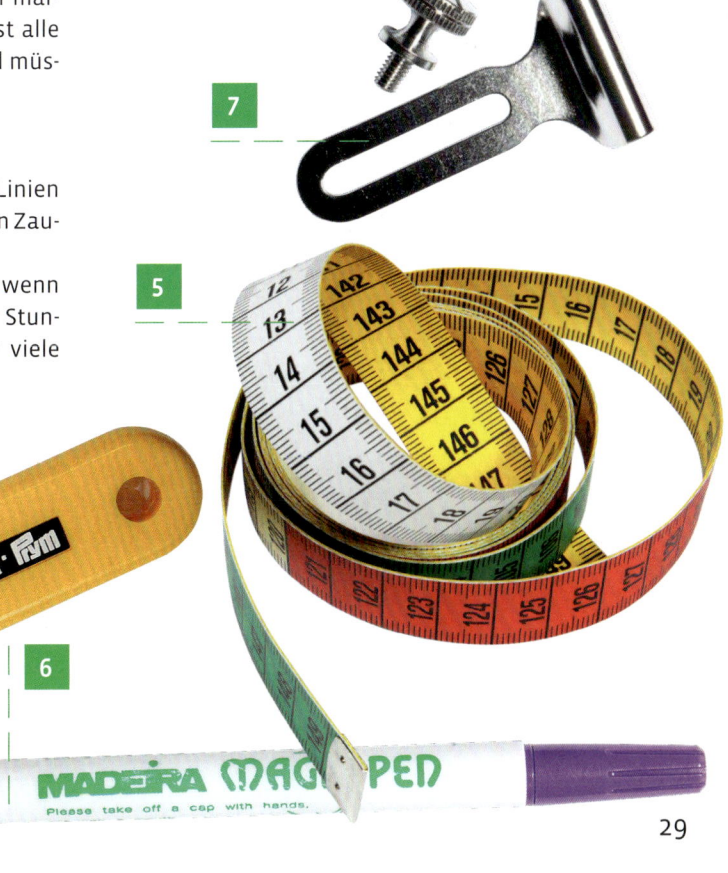

Stoffe, Einlage, Garne, Nadeln,

Stoffe

Baumwollstoffe sind für Applikationen am besten geeignet. Natürlich können Sie auch mit anderen Stoffen arbeiten. Wichtig ist jedoch immer, dass Sie den Stoff mit der doppelseitigen Einlage fixieren.

Stoff glatt bügeln

Ich empfehle, die Stoffe vor dem Zuschneiden glatt zu bügeln. Die Schnitteile liegen dann besser, und das Zuschneiden wird einfacher.

Stoffreste

Wenn Sie Stoffe einkaufen gehen, müssen Sie in den meisten Fällen die ganze Stoffbreite abnehmen. Deshalb steht hier im Buch in den Anleitungen bei „Stoffmenge" nicht nur die Mindestmenge, die Sie brauchen, sondern auch die Stoffbreite.
Je nach Motiv verlangt die Applikation kleine Stoffstücke in vielen verschiedenen Farben.
Falls Sie Stoffreste zu Hause haben, schauen Sie zuerst in Ihrer Restekiste nach der passenden Farbe. Für die Applikationen brauchen Sie häufig nur kleine Stücke. Den genauen Zuschnitt finden Sie in der Anleitung unter „Zuschneiden" detailliert beschrieben.

Stickvliese und Stabilisatoren für Applikationen

Einwandfreie Ergebnisse erzielen Sie mit den richtigen Stickvliesen und Stabilisatoren. Sie verhindern das Kräuseln, das Zusammenziehen, das Ausdehnen und Verziehen des Stoffes. Es gibt sie für jede Stoffart, ob dünn, dick, flauschig, dehnbar oder durchsichtig. Auch für jede Kreation: Sticken, Zierstichnähen, Applizieren, Quilten und Patchworken. Sie bekommen für alles das passende Stickvlies.
Außerdem können Sie zwischen Stickvliesen zum Abreißen, Auswaschen oder Abschneiden wählen.

Stickvliese zum Abreißen

sind die Stabilisatoren, die am häufigsten gebraucht werden. Unterlegen Sie großzügig die Stelle, die Sie verzieren wollen. Sie wird beim Nähen von der Nadel perforiert. Wenn Ihre Dekorarbeit fertig ist, reißen Sie das überstehende Vlies vorsichtig ab.
Stickvliese zum Abreißen gibt es auch **zum Aufbügeln**. Diese Stabilisatoren werden bei dehnbaren Stoffen untergebügelt. Zum Beispiel bei Stoffen, die einen Elastananteil haben oder bei Maschenware. Der Stoff wird mit dem Stabilisator verbunden, kann so nicht verrutschen, und nach dem Nähen wird der Stabilisator vorsichtig weggerissen.
Stickvliese zum Abreißen gibt es auch **zum Aufkleben**. Diese Stickvliese sind mit einem Papier überzogen, das vor dem Aufkleben des Stoffes entfernt werden muss. Auch dieses Stickvlies wird nach dem Nähen vorsichtig weggerissen.

Stickvliese zum Auswaschen

gibt es als Folie und als Vlies. Sie werden eingesetzt zum Stabilisieren von dünnen, feinen, transparenten Stoffen und zum Abdecken der Stoffflora bei Frottee und Samtstoffen. Grob gewebte oder grob gestrickte Materialien sollten ebenfalls mit einer wasserlöslichen Stickfolie stabilisiert werden. Die Stiche „schlupfen" somit nicht in den Stoff, und der Zierstich verliert nicht die Form.
Die Stickvliese zum Auswaschen gibt es als dünne und dicke Folie, als Vlies und zum Kleben.

Stickvliese zum Ausschneiden

sind weiche Stabilisatoren, die dauerhaft im Stoff bleiben. Diese Stickvliese werden überwiegend zum Sticken mit der Stickmaschine und bei Mustern, die dicht gestickt werden, eingesetzt. Im Nähbedarf finden diese Stickvliese die Anwendung beim Zierstichnähen und bei Verzierungen von Heimtextilien, Taschen und Accessoires. Nach dem Sticken wird das Vlies zurückgeschnitten, die Stickerei bleibt formstabil und kann sich nicht verziehen. Stickvliese zum Ausschneiden gibt es auch als Aufbügelvlies.

Die doppelseitige Klebeeinlage

Diese Einlage ist ein Muss beim Herstellen von Applikationen. Sie wird zum Fixieren von Applikationen und zum Verbinden zweier Stofflagen eingesetzt. Die Applikation wird dadurch stabilisiert und kann nicht verrutschen.

Garne

Um Applikationen aufzunähen, gibt es eine breite Palette an Garnen. Am schönsten werden die Applikationen jedoch, wenn Sie in Ihrer Nähmaschine als Oberfaden ein Stickgarn benutzen. Diese Stickgarne werden meistens aus Viskose, Baumwolle oder Polyester hergestellt. Es gibt sie auch aus Seide oder mit einem Wollanteil.

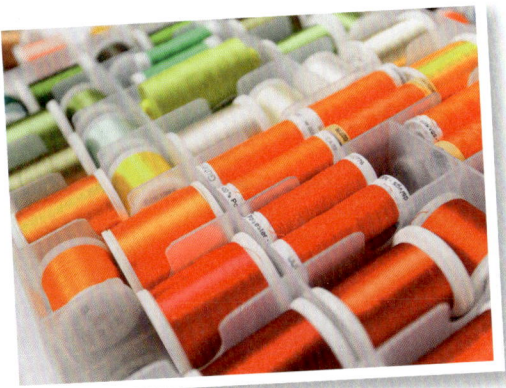

Nadeln

Schöne und saubere Nähergebnisse werden nur mit Nadeln erzielt, die in gutem Zustand sind. Deshalb empfiehlt es sich, vor jedem neuen Nähprojekt die Nadel zu überprüfen. Im Zweifelsfall beginnen Sie mit einer neuen Nadel. Grundsätzlich gilt, für feine, dünnere Stoffe und dünnere Garne eine dünnere Nadel zu verwenden und für gröbere, dickere Stoffe und dickere Garne eine dickere Nadel.

Das allgemein verwendete Nadelsystem für Haushaltsnähmaschinen ist das System 130-705 H (H = Hohlkehle).
Ich stelle Ihnen hier nur die Nähmaschinennadeln, die am häufigsten für Applikationsarbeiten eingesetzt werden, vor.

130 – 705 H

Diese Universalnadeln haben eine leicht abgerundete Spitze und werden zum Verarbeiten von vielen Materialien eingesetzt. Die Nadelstärke gibt es von 60 bis 120.
Zum Zusammennähen von Heimtextilien sind die Universalnadeln in Stärke 70 oder 80 ideal.

130 – 705 H-J

Die Bezeichnung H-J steht für Jeansnadel mit einer mittleren Kugelspitze. Diese Nadeln sind besonders gehärtet. Die Eigenschaften der Spitze und des Materials sorgen dafür, dass die Nadel festere Gewebe besser durchdringen kann. Der verstärkte Schaft dieser Nadel verhindert, dass sie beim Arbeiten weggebogen wird.
Verwenden Sie diese Nadeln bei festen Stoffen wie Denim, Kord, Köper, Planen und Filz.

130 – 705 H-E

Die H-E-Sticknadel mit kleiner Kugelspitze, besonders breitem Nadelöhr und breiter Fadenrinne setzen Sie beim Sticken und Nähen von Zierstichen und Applikationen ein.

130 – 705 H-ET

Die H-ET-Sticknadel hat eine Titan-Nitrid-Beschichtung. Dadurch entsteht eine geringere Reibung zwischen Nadel und Faden. Die Nadel wird also nicht so heiß. Bei hoher Stichzahl vermindert dies das Verschmieren der Nadel und verbessert so die Haltbarkeit. Setzen Sie diese Nadel bevorzugt bei Mustern und Stickereien mit einer hohen Stichzahl, sowie bei festen und dicht gewebten Materialien ein.

Bunter Kita-Hit
Praktische Kindergartentasche

Frühstückspause! Spätestens dann packen die Kids neugierig Ihren Proviant aus: „Mmmh, was hat Mama wohl heute Leckeres für mich eingepackt?" Vorbei sind die Zeiten der farblosen Brotbeutel, aus denen das belegte Brötchen nur noch völlig zermatscht hervorkommt oder der beengten Kunststoff-Boxen, in der eine Banane keinen Platz mehr hat. In diese fröhlich-bunte Tasche passt alles rein, was das hungrige Kinderherz begehrt: von belegten Broten in diversen stabilen Boxen über Getränke bis zu sogar mehreren Bananen.

DAS BRAUCHEN SIE

Schwierigkeit

Taschengröße 25 cm hoch, 27 cm breit, 7 cm tief
Einteilung in der Tasche 15 cm hoch, 27 cm breit

Stoffempfehlung
Mittelschwere Stoffe aus Baumwolle oder Leinen.
Beschichtete Baumwollstoffe.
Für Außenseite und Futter in Dunkelblau, für die vordere Seite und die Inneneinteilungen gestreift, für die Taschenklappe in Grün.

Stoffbedarf für die Tasche
siehe Auflistung links

Weitere Zutaten
Garn zum Nähen:
• je 1 Garnrolle in Dunkelblau, Grün und Rot
Einlage und Stabilisatoren:
• 10 cm Decovil, 90 cm breit
• 25 cm dünnere Volumenvlieseinlage zum Aufbügeln H640, 90 cm breit
• 25 cm Gewebeeinlage zum Aufbügeln H740, 90 cm breit
Gurtband:
• 120 cm in Dunkelblau, 3 cm breit
Karabinerhaken:
• für 1,5 cm breites Band
Magnetverschlüsse:
• 2x zum Annähen
Ripsband:
• 1 cm breit, 20 cm lang für das Schlüsselband
Nadeln für die Nähmaschine:
• Jeansnadeln 80

Stoffbedarf

Dunkelblauer Baumwollköper
140 cm breit, 50 cm lang

Streifenstoff
140 cm breit, 35 cm lang

Grüner Baumwollköper
140 cm breit, 35 cm lang

Vorbereitungen

Nähmaschinen-Füßchen für das Projekt

Aus dem Standardzubehör: Standardnähfuß.
Weiteres Füßchen, das Ihnen das Nähen erleichtert: Schmalkantenfuß

Weitere Hinweise zum Nähen

Nahtanfang und -ende mit ein paar Rückstichen vernähen.
Wenn nichts anderes empfohlen wird, liegen die Stoffteile beim Zusammennähen rechts auf rechts aufeinander.

Schnittteile vorbereiten

Nummer 1 bis 7 entsprechend Schnittvorlage (Kindergartentasche) vorbereiten.
Übertragen Sie auf den Zuschnitt alle Markierungen und beschriften Sie die Schnittteile.

Hinweis

Die Nahtzugabe ist im Zuschnitt nicht enthalten. Nahtzugabe von 1 cm bei allen Stoffzuschnitten zugeben. Ebenso bei der Gewebeeinlage 1 cm Nahtzugabe geben, das Volumenvlies jedoch ohne Zugabe zuschneiden.
Bei Nähprojekten mit unterschiedlichen Stofffarben wird es schöner, wenn auch das Nähgarn für die Steppnähte passend gewählt ist. Fädeln Sie deshalb in Ihrer Nähmaschine das passende Garn oben und unten ein.

Zuschneiden

Aus dem dunkelblauen Baumwollstoff:
Schnittteil 1, 3 x (1 x Rückseite, 2 x Futter)
Schnittteil 3, 2 x Boden im Stoffbruch
Aus dem grünen Baumwollstoff:
Schnittteil 2, 2 x Taschenklappe
Schnittteil 4, 1 x Innentasche
Schnittteil 5, 1 x kleine Außentasche
Schnittteil 7, 1 x Streifen für Karabinerhaken
Aus dem Streifenstoff:
Schnittteil 1, 1 x
Schnittteil 6, 1 x große Außentasche
Aus der Gewebeeinlage zum Aufbügeln H740:
Schnittteil 1, 2 x
Schnittteil 2, 1 x Taschenklappe
Schnittteil 3, 1 x Boden im Stoffbruch
Streifen, je 1 x jeweils 2 cm breit:
29 cm, 7 cm und 16 cm lang
Aus der Volumenvlieseinlage:
Schnittteil 1, 2 x
Schnittteil 2, 1 x Taschenklappe
Schnittteil 3, 1 x Boden im Stoffbruch
Aus Decovil, ohne Zugabe zuschneiden:
1 x für den Boden, 7 cm breit, 21 cm lang

Einlage aufbügeln

Bügeln Sie auf die Außentaschenteile das Volumenvlies auf. Auf die Innenteile bügeln Sie die Gewebeeinlage. Das Rechteck aus Decovil bügeln Sie in die Mitte der Innenseite des Bodens.

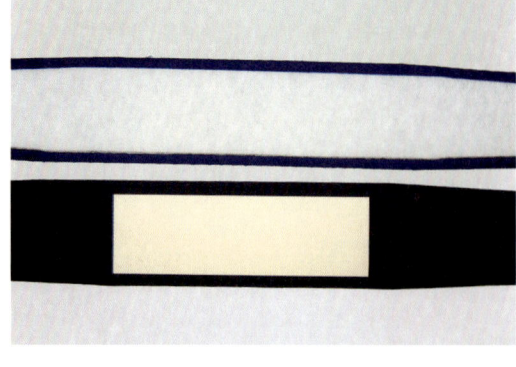

Unser Extra-Tipp:

Schnittteile, die mit Vlieseline belegt werden müssen, bereite ich gesondert vor. Dazu schneide ich zuerst ein größeres Stück Gewebeeinlage zu, das ausreicht für das Schnittteil, das ich belegen möchte. Nachdem die Vlieseline auf die Stoffrückseite aufgebügelt ist, lege ich das Schnittmuster darauf und schneide zu. Der Vorteil dabei ist, dass Sie einfacher zuschneiden können. Es gibt keine Verschiebungen, und die Schnittkanten fransen nicht sofort aus.

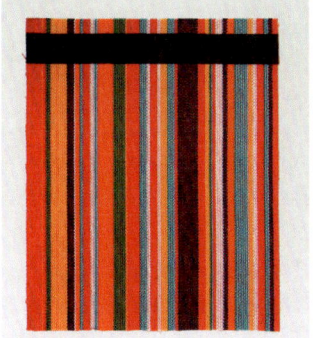 

Bei den kleinen und großen Außentaschen bügeln Sie einen Streifen Vlieseline 2 cm breit, im Abstand von 1 cm, zur Eingriffskante auf. Die Innentasche, Schnittteil 4, bügeln Sie zur Mitte durch. Die rechte Seite zeigt dabei nach außen. Auf der linken Seite bügeln Sie einen Streifen Vlieseline 2 cm breit am Bruch entlang auf.

Einstellung der Nähmaschine

Stichwahl: Geradstich
Stichlänge: 3 mm
Nadelposition: Nähfußmitte
Nähfuß: Standardnähfuß
Oberfadenspannung: 3–5
Nähmaschinennadel: Jeans 80
Oberfaden: Allzweckfaden passend zum Stoff
Unterfaden: Allzweckfaden passend zum Stoff

Tasche nähen

Die Innentasche

Steppen Sie an der gebügelten Stoffkante zuerst schmalkantig ab. Nähen Sie nun im Abstand von 2 cm fünf Nähte parallel zueinander. Damit die Linien gerade werden, zeichnen Sie sie mit dem Lineal auf oder benutzen Sie den Abstandshalter aus dem Zubehör.

Einfache Handhabung für kleine Fingerchen

Kinderfreundlicher Klettverschluss

Nichts ist für kleine Patscherchen leichter zu bedienen als ein einfacher Klettverschluss: aufreißen, wieder schließen, aufreißen, wieder schließen ... auch das als neuer Zeitvertreib entdeckt hält dieser robuste Verschluss aus.

Magnetischer Druckknopf

So sieht ein Kindertaschen-Verschluss aus, der von A bis Z durchdacht und sorgfältigst ausgeführt ist: Eigentlich ist ein Druckknopf ja zum Drücken da, aber dank eines kleinen Magneten erübrigt sich das hier. Einfach die Außenklappe auf die Tasche fallen lassen, und die Magneten suchen und finden sich allein. Also eine einfache Handhabung für noch ungeschickte Fingerchen.

Fixieren Sie die Innentasche mit ein paar Stichen an den Kanten auf das Futter. Messen Sie von der linken Seite 8 cm und ziehen Sie eine Linie mit Kreide. Steppen Sie über die Linie die Teilungsnaht der Innentasche.

Markieren Sie eine Linie im Abstand von 6 cm zur Kante. Platzieren Sie die große Tasche an der Linie und steppen Sie die linke Kante auf. Die Kante der kleinen Tasche fixieren Sie unter der großen Tasche. Steppen Sie die rechte Kante der großen Tasche fest. Danach die rechte Kante der grünen Tasche.

Die Außentasche

An der gestreiften Außentasche und der schmalen grünen Tasche bügeln Sie zuerst 1 cm, danach nochmals 2 cm um. Die Einlage ist jetzt verdeckt und die Eingriffskante verstärkt. Steppen Sie zuerst schmalkantig, dann nochmals im Abstand von 18 mm die Kante ab.
Bügeln Sie an der gestreiften Tasche rechts und links die Kante 1 cm um. An der kleinen Tasche bügeln Sie nur die linke Seite 1 cm um. Die rechte Seite wird später von der große Tasche übernäht.

Das Schlüsselband

Sie brauchen den schmalen Streifen, Schnittteil 7, das Ripsband und den Karabinerhaken. Bügeln Sie die Kanten nach innen um, sodass sie sich in der Mitte treffen.

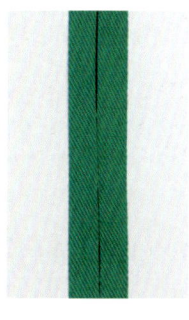

Stecken Sie das Ripsband mittig auf den Stoffstreifen, sodass die umgebügelten Kanten überdeckt werden. Das Ripsband rechts und links schmalkantig mit dem Schmalkantenfuß aufsteppen. Das Band durch den Karabinerhaken fädeln und mit Stecknadeln befestigen. Mit einem schmalen Zickzack-Stich das Bandende annähen.

Außenseite nähen

Sie brauchen die Schnittteile 1 und 3 mit dem Volumenvlies. Wählen Sie erneut den Geradstich und fädeln Sie in Ihrer Nähmaschine den dunkelblauen Faden ein.

Markieren Sie mit Kreide an den Schnittteilen die Mitte. Stecken Sie den Boden mit Nadeln auf der Taschenvorderseite fest. Arbeiten Sie von der Mitte nach außen.

An der Rundung schneiden Sie den Stoff in 1 cm Abstand ca. 0,7 cm ein, damit er sich so besser rund legen lässt.

Stecken Sie beide Seiten fest und nähen Sie die Naht. Die gegenüberliegende Seite genauso annähen. Die Nahtzugabe ausbügeln.

Innenseite nähen

Steppen Sie den Decovil-Boden schmalkantig ringsherum mit dem Schmalkantenfuß fest. Nähen Sie den Boden an das Seitenteil an.

Das Band mit dem Karabinerhaken stecken Sie mittig im Abstand von 6 cm von der oberen Kante fest. Das Ende umschlagen, dann annähen.

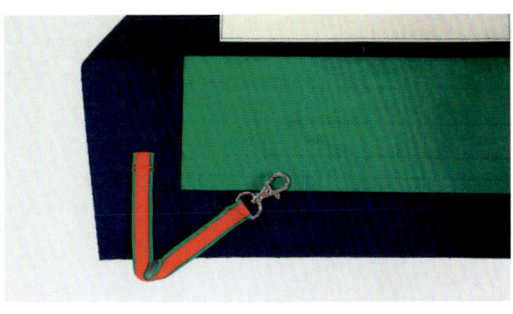

An der gegenüberliegenden Seite am Boden einen 10 cm langen Schlitz zum Wenden offen lassen. Diese Seite genauso wie die erste Seite nähen. Nahtzugabe ausbügeln.

Taschenklappe nähen

Schneiden Sie aus dem Gurtband zwei 9 cm lange Stücke für die Laschen. Auf den Laschen bringen Sie die Magnetverschlüsse an. Ich habe mich für Magnetverschlüsse entschieden, die manuell angenäht werden müssen. Das Band zur Hälfte zusammenlegen, die Kanten treffen aufeinander. Den Magnet an den Bruch platzieren und annähen.

Mittig im Abstand von 11 cm stecken Sie rechts auf rechts die Laschen auf und nähen sie an. Stoffteile rechts auf rechts stecken und nähen. An der geraden Seite einen ca. 8 cm langen Schlitz zum Wenden offen lassen. An der Rundung Dreiecke ausschneiden, an den Ecken zurückschneiden, dann bügeln und wenden.

Außentasche mit der Futtertasche verbinden

Wenden Sie die Futtertasche. Die linke Seite ist somit außen. Stecken Sie die Außenseite rechts auf rechts, Naht auf Naht in die Futtertasche. Die

grüne Innentasche befindet sich gegenüber den zwei Außentaschen. Die Naht an der oberen Kante steppen, dann bügeln und durch den Schlitz die Tasche wenden.
Den Wendeschlitz schmalkantig zunähen.

Gurtband annähen

Das Gurtband halbieren. Das Ende des Gurtbandes 1,5 cm einschlagen und mittig 7 cm von der oberen Kante an das Seitenteil mit Stecknadeln heften. Nähen Sie jetzt das Gurtband an.
Das Klettband jeweils an einem der Gurtbandenden schmalkantig aufsteppen. Das Gurtband lässt sich jetzt öffnen und einstellen, damit man es auch über einer dicken Winterjacke leicht anziehen kann.

Schlüsselversteckter

Taschenklappe annähen

Stecken Sie die Taschenklappe auf die hintere Seite oberhalb der Taschen. Steppen Sie die Klappe schmalkantig auf. Der Wendeschlitz wird somit zugenäht. Steppen Sie die Klappe nochmals füßchenbreit auf.
Zum Schluss die Gegenseite der Magnetverschlüsse platzieren und annähen.

DAS BRAUCHEN SIE

Schwierigkeit ● ● ●

Stoffempfehlung
Filzstoff

Stoffbedarf

Weißer Baumwollstoff
Reststück 10 cm x 10 cm

Grüner Filz, 5 mm
2 Quadrate 15 x 15 cm

Weitere Zutaten
Garn zum Nähen:
• 1 Rolle in Grün
Garne für die Applikation:
• Je 1 Rolle Maschinen-Stickgarn in Blau und in Schwarz
• 1 Rolle Stickunterfaden in Schwarz
Einlage und Stabilisatoren:
• 10 cm doppelseitige Klebeeinlage, 90 cm breit (Vliesofix)
• 10 cm Stickvlies, 90 cm breit
Ripsband:
• 25 cm lang, 1 cm breit in Rot
• 25 cm lang, 1,5 cm breit in Grün
Nadeln für die Nähmaschine:
• Universal 80
• für die Applikation Sticknadeln 90
Ringe:
• 2 Stück mit Durchmesser 3 cm

Vorbereitungen

Nähmaschinen-Füßchen für das Projekt
Aus dem Standardzubehör: Standardnähfuß. Weitere Füßchen, die Ihnen das Nähen erleichtern: Applikationsfuß, Schmalkantenfuß.

Weitere Hinweise zum Nähen
Nahtanfang und Nahtende mit ein paar Rückstichen vernähen.

Zuschneiden

Hier brauchen Sie keine Nahtzugabe, da der Filz nicht ausfranst.
Jörg aus dem Schnittmusterbogen, Schnitt „Schlüsselverstecker Jörg" kopieren, dann die Form ausschneiden.
Stecken Sie die Papierschablone auf den Filz auf, und schneiden Sie die Form 2 x aus.

Von der Musterschablone kopieren Sie die Augen auf das Papier. Das Gesicht wird nur auf eine Lage aufgenäht. Die zweite Lage für die Rückseite brauchen Sie erst später.
Wie die Augen und der Mund appliziert werden, haben wir in der Schritt für Schritt-Beschreibung vom Frosch Jörg ab Seite 44 erklärt.

Einstellung der Nähmaschine
Stichwahl: Zickzack-Stich
Stichlänge: 0,35 – 0,45 mm
Stichbreite: 2,5 mm

Zusammennähen

Sie brauchen jetzt die Rückseite für den Schlüsselverstecker.

Einstellung der Nähmaschine
Stichwahl: Geradstich
Stichlänge: 2,5 mm
Nadelposition: Nähfußmitte
Nähfuß: Standardnähfuß
Oberfadenspannung: 3 – 5
Nähmaschinennadel: Universal 80
Oberfaden: Allzweckfaden in Grün
Unterfaden: Allzweckfaden in Grün

Stecken Sie die Rückseite an die Vorderseite. Nähen Sie schmalkantig rechts und links die Naht im Abstand von 0,5 cm von der Kante entfernt. Dabei bleibt oben eine 1,5 cm breite Öffnung und unten eine 6 cm breite Öffnung frei. Die Naht am Anfang und am Ende gut vernähen.

Schlüsselband nähen

Sie brauchen die Ripsbandstreifen und die zwei Ringe. Stecken Sie das rote Ripsband mittig auf das breitere grüne Ripsband auf. Das Ripsband rechts und links schmalkantig mit dem Schmalkantenfuß aufsteppen. Wählen Sie den Zickzack-Stich an. Stellen Sie die Stichlänge auf 0,5 und die Stichbreite auf 2,0 mm. Das Band durch den Ring führen und 2 cm umschlagen, das rote Band zeigt dabei nach außen. Nähen Sie mit dem Zickzack-Stich so nah wie möglich an dem Ring das Band fest. Das überstehende Bandende bis zum Zickzack-Stich zurückschneiden.

Fertigstellen
Führen Sie das Band von oben durch den Schlüsselverstecker durch. Am anderen Ende des Bandes den zweiten Ring genauso annähen.

Freche Frösche
von der Illustration zur Applikation

Spätestens seit dem Erscheinen von Grimms Märchen im 19. Jahrhundert mögen alle Kinder die niedlichen, grasgrünen Gesellen. So manches kleine Mädchen versucht sogar, einen von ihnen zu küssen, in der Hoffnung, den verwunschenen Prinzen zu erwischen. Die Freaky Frogs© Johann, Jörg und Ulf unserer Illustratorin Alwina Droll haben zwar wenig Ähnlichkeit mit dem berühmten Froschkönig. Aber sie sind so witzig, dass die Kids sie auch dann noch cool finden, wenn sie schon größer sind. Mama muss also nicht befürchten, dass ihre liebevollen Applikationen frühzeitig verschmäht werden.

DAS BRAUCHEN SIE

Schwierigkeit

In diesem Kapitel beschreiben wir, wie Johann, Jörg und Ulf appliziert werden. Der Stoffbedarf richtet sich nach der Größe des Musters. Die genauen Angaben für die Stoffmenge finden Sie jeweils bei der Beschreibung des Projekts.

Stoffempfehlung
Baumwollstoffe oder Patchworkstoffe

Stoffbedarf
Johann: grüner Stoff für den Körper, gelber Stoff für die Haare, dunkelroter Stoff für den Mund, roter Stoff für die Zunge, weißer Stoff für die Augen und für die Zähne, schwarzer Stoff für den Rachen und den Kinnschatten
Jörg: grüner Stoff für den Körper, weißer Stoff für die Augen und für die Zähne
Ulf: grüner Stoff für den Körper, altrosa Stoff für die Lippen, weißer Stoff für die Augen und für die Zähne

Weitere Zutaten
Garne für die Applikation:
· Maschinen-Stickgarn in Grün, Dunkelrot, Gelb, Blau und Schwarz für **Johann**; in Grün, Blau und Schwarz für **Jörg** und in Grün, Altrosa, Weiß, Blau und Schwarz für **Ulf**
· Stickunterfaden in Schwarz
Einlage und Stabilisatoren:
· je Frosch: doppelseitige Klebeeinlage, 90 cm breit (Vliesofix)
· je Frosch: Stickvlies, 90 cm breit
Nadeln für die Nähmaschine:
· für die Applikation Sticknadel 90

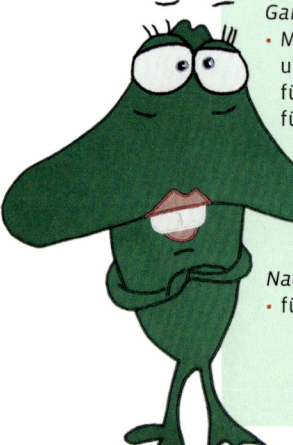

„Johann"

Vorbereitungen

Nähmaschinen-Füßchen für das Projekt

Aus dem Standardzubehör: Standardnähfuß.
Weiteres Füßchen, das Ihnen das Nähen erleichtert: Applikationsfuß.

Applikationen vorbereiten

Johann vom Schnittmusterbogen kopieren und ausschneiden. Die Haare von der Papierschablone abschneiden und auf die Seite legen. Das doppelseitige Klebevlies mittig auf die Rückseite des grünen Stoffes bügeln und Jörg spiegelverkehrt auf die Papierseite des Klebevlieses aufzeichnen.

Schneiden Sie die Form aus.
Das Papier vom Klebevlies abziehen, Johann auf die vorgesehene Stelle platzieren und aufbügeln.

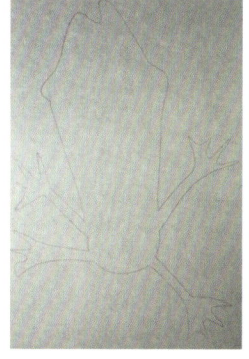

Von der Musterschablone kopieren Sie die Zunge, den Mund, den Kinnschatten, die Augen und die Zähne auf Papier. Danach kopieren Sie den

Rachen. Schneiden Sie die Formen aus. Auf der Papierseite des doppelseitigen Klebevlieses zeichnen Sie spiegelverkehrt die Formen auf. Schneiden Sie die Formen etwas größer aus, also nicht direkt auf der Linie. Bügeln Sie die Formen auf die passenden Stoffrückseiten. Schneiden Sie jetzt die Formen aus.

Die Platzierung von Augen, Zähnen, Mund und Zunge geht am einfachsten, wenn Sie zuerst aus der großen Papierschablone den Mund, die Zähne und die Augen ausschneiden. Ziehen Sie das Papier von der Rückseite ab und platzieren Sie die Formen auf dem Körper. Bügeln Sie die Formen auf.

Danach bügeln Sie den Rachen, die Zunge und den Kinnschatten auf.

Linien übertragen

Mit dem Kreidestift übertragen Sie alle Linien.

Das geht sehr gut, wenn Sie die Schablone entlang der Linie, die Sie übertragen wollen, ein- oder ausschneiden.

Hier ein Beispiel für die Zunge: Schneiden

Sie die Linie an der Papierschablone ein. Legen Sie die Papierschablone auf, klappen Sie eine Seite weg und übertragen Sie die Kontur.

Einstellung der Nähmaschine

Stichwahl: Zickzack-Stich

Stichlänge: 0,35 – 0,45 mm. Stellen die Stichlänge nicht zu kurz ein. Falls Sie das Gefühl haben, die Stiche liegen zu weit auseinander, dann nähen Sie lieber ein zweites Mal die Kontur nach. Eine zu kurze Stichlänge kann bei einer hohen Nähgeschwindigkeit einen Fadenstau verursachen.

Stichbreite: Die Stichbreite richtet sich nach der Mustergröße. Bei der Gardine ist Johann etwas größer. Hier können Sie die Stichbreite etwas breiter einstellen. Wenn der Johann klein ist, z.B. bei dem Türschild, stellen Sie die Stichbreite etwas schmaler ein. Genauere Angaben finden Sie in der Anleitung des jeweiligen Projektes. Sie können die Stichbreite natürlich auch nach Ihrem Empfinden verändern.

Nadelposition: Nähfußmitte

Nähfuß: Applikationsfuß

Oberfadenspannung: 2 – 4

Nähmaschinennadel: Sticknadel 90

Oberfaden: Stickgarn passend zur Kontur

Unterfaden: Stickunterfaden in Schwarz

Nähen Sie eine Probenaht. Prüfen Sie die Einstellung der Fadenspannung, der Stichbreite und Stichlänge.

Unterlegen Sie die Fläche beim Umnähen mit dem Stickvlies.

Johann aufnähen

Die Reihenfolge, in der Sie die Kontur nachnähen, ist nummeriert. Wenn Sie diese Reihenfolge einhalten, sparen Sie sich an vielen Stellen das Vernähen. Die Folgenaht übernäht dort den Anfang und das Ende der zuvor genähten Kontur. Grundsätzlich sichern Sie die Naht, indem Sie die Fäden nach hinten auf die Rückseite ziehen und

verknoten. Falls sich der Faden nicht einfach auf die Stoffrückseite ziehen lässt, fädeln Sie ihn in eine Handnähnadel ein. Damit lässt sich der Faden mühelos auf die Stoffrückseite bringen.

1 | Nähen Sie zuerst die Kontur der Haare mit dem gelben Faden nach. Stellen Sie die Stichlänge hier auf 1. Steppen Sie die Naht im Abstand von 2 mm von der Schnittkante. So kann der Stoff nach dem Waschen etwas ausfransen und Johanns Haare werden noch strubbeliger.

2 | Stellen Sie den Zickzack-Stich auf die Grundstellung zurück. Fädeln Sie den blauen Faden ein und nähen Sie die Kontur der Augen nach.

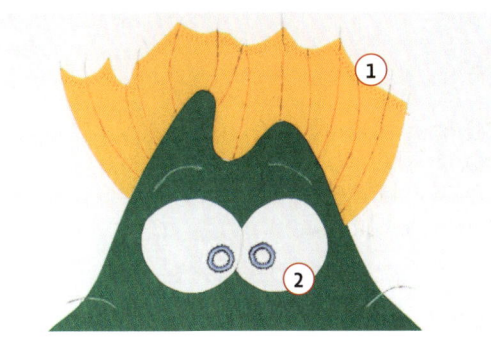

Sie brauchen jetzt das schwarze Stickgarn.

3 | Nähen Sie die Pupille, danach die Kontur der Augen.

4 | Anschließend die Augenbrauen,

5 | die Haare,

6 | rechts und links die Kontur von Rachen und Kinnschatten.

Fädeln Sie das dunkelrote Stickgarn ein.

7 | Umnähen Sie die Zunge und die Innenkontur des Rachens.

Fädeln Sie das grüne Stickgarn in Ihre Maschine ein.

8 | Umnähen Sie die Kontur vom Mund, von den Zähnen und dann die untere Kontur der Zähne.

9 | Die rechte Körperseite mit dem oberen rechten Fuß und die Kontur bis zum unteren Fuß.
10 | Die untere Konturlinie.
11 | Das linke obere Bein und die linke Kontur am Körper.
12 | An der linken Seite die Kontur am Körper zwischen dem oberen und dem unteren Fuß.
13 | Den linken Fuß, dann den rechten Fuß.
14 | Den Kopf und die Barthaare.

„Jörg"

Vorbereitungen

Nähmaschinen-Füßchen für das Projekt

Aus dem Standardzubehör: Standardnähfuß.
Weiteres Füßchen, das Ihnen das Nähen erleichtert: Applikationsfuß.

Applikationen vorbereiten

Jörg vom Schnittmusterbogen kopieren und ausschneiden.
Mittig auf die Rückseite des grünen Stoffes bügeln Sie das doppelseitige Klebevlies auf.

Zeichnen Sie Jörg spiegelverkehrt auf die Papierseite des Klebevlieses auf.

Schneiden Sie die Form aus.
Das Papier vom Klebevlies abziehen und Jörg auf die für ihn vorgesehene Stelle platzieren und aufbügeln.

Von der Musterschablone kopieren Sie die Augen auf Papier. Die Augen auf die Papierseite des doppelseitigen Klebevlieses spiegelverkehrt übertragen. Schneiden Sie die Form etwas größer aus. Bügeln Sie die Augen auf die Rückseite des weißen Stoffes.

Übertragen Sie alle Linien und Konturen mit dem Kreidestift auf den Stoff. Auch die Konturen der Augenbrauen, die sich außerhalb des Musters befinden. Schneiden Sie jetzt die zuvor vorbereiteten Augen aus. Ziehen Sie das Papier von der Stoffrückseite ab und bügeln Sie die Augen auf dem Körper an der markierten Position auf.

Einstellung der Nähmaschine

Stichwahl: Zickzack-Stich

Stichlänge: 0,35 – 0,45 mm. Stellen Sie die Stichlänge nicht zu kurz ein. Nähen Sie lieber ein zweites Mal die Kontur nach. Eine zu kurze Stichlänge kann bei einer hohen Nähgeschwindigkeit einen Fadenstau verursachen.

Stichbreite: Jörg ist der kleinste der Frösche. Daher stellen Sie die Stichbreite hier auf 2 bis 3 mm ein. Genauere Angaben finden Sie in der Anleitung des jeweiligen Projektes.

Nadelposition: Nähfußmitte

Nähfuß: Applikationsfuß

Oberfadenspannung: 2 – 4

Nähmaschinennadel: Sticknadel 90

Oberfaden: Stickgarn passend zur Kontur

Unterfaden: Stickunterfaden in Schwarz

Nähen Sie eine Probenaht. Prüfen Sie die Einstellung der Fadenspannung, der Stichbreite und der Stichlänge. Unterlegen Sie die Fläche beim Nähen mit dem Stickvlies.

Jörg aufnähen

Die Reihenfolge zum Nachnähen der Kontur habe ich nummeriert. Wenn Sie diese Reihenfolge einhalten, sparen Sie sich an vielen Stellen das Vernähen. Grundsätzlich sichern Sie die Naht, indem Sie die Fäden nach hinten auf die Rückseite ziehen und verknoten. Dies können Sie auch mit Hilfe einer Handnähnadel machen.

1 | Sie brauchen jetzt das blaue Stickgarn. Nähen Sie die Kontur der Augen nach.

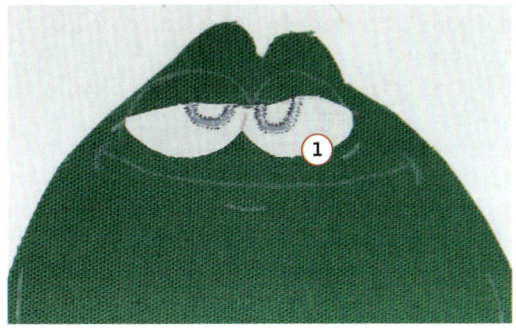

2 | Fädeln Sie das schwarze Stickgarn ein. Nähen Sie die Pupille, danach ringsherum die Kontur der Augen.

3 | Die untere Kante der Augenlider, den Mund und die Mundwinkel.

4 | Die Kinnfalte und die Augenfalte.

5 | Jetzt die Augenbrauen.

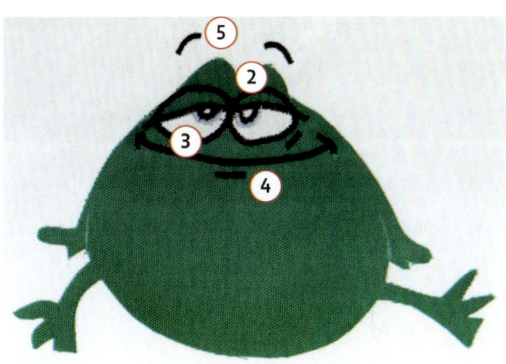

6 | Wechseln Sie auf den grünen Faden. Beginnen Sie mit der linken Kontur an der linken Hand bis zum Auge.

7 | Vom linken Auge über den Kopf hinunter zur rechten Hand.

8 | Weiter vom rechten Arm über das rechte Bein, den Unterkörper über das linke Bein bis zum linken Arm.

„Ulf"

Vorbereitungen

Nähmaschinen-Füßchen für das Projekt

Aus dem Standardzubehör: Standardnähfuß.
Weiteres Füßchen, das Ihnen das Nähen erleichtert: Applikationsfuß.

Applikationen vorbereiten

Ulf vom Schnittmusterbogen kopieren und ausschneiden. Auf die Rückseite des grünen Stoffes bügeln Sie das doppelseitige Klebevlies mittig auf. Dann Ulf spiegelverkehrt auf die Papierseite des Klebevlieses aufzeichnen.

Von der Musterschablone kopieren Sie die Augen, die Augenlider, die Zähne und die Lippen auf Papier. Schneiden Sie die Formen aus. Auf der Papierseite des doppelseitigen Klebevlieses zeichnen Sie spiegelverkehrt die Formen auf. Schneiden Sie die Formen danach etwas größer aus, also nicht direkt entlang der Kontur. Bügeln Sie die Formen auf die passenden Stoffrückseiten. Schneiden Sie jetzt die Formen aus.

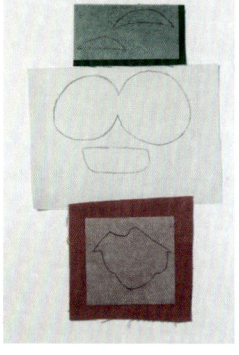

Die Platzierung der Augen, der Augenlider, der Zähne und der Lippen geht am besten, wenn Sie aus der großen Papierschablone zuerst den Kopf ausschneiden, danach den Mund, die Zähne und zuletzt die Augen.

Ziehen Sie das Papier von der Rückseite der Formen ab und platzieren Sie diese auf den Körper. Bügeln Sie zuerst die Augen auf, dann die Augenlider, die Zähne und die Lippen.

Mit dem Kreidestift übertragen Sie alle Linien. Wenn Sie die Schablone an der Linie, die Sie übertragen wollen, ein- oder ausschneiden, können Sie die Linien leichter anbringen. Übertragen Sie auch die Linien, die sich außerhalb befinden wie Augenwimpern und Augenbrauen.

Unser Tipp:

Das Einschneiden der Linien an der Papierschablone geht sehr gut mit dem Nahttrenner.

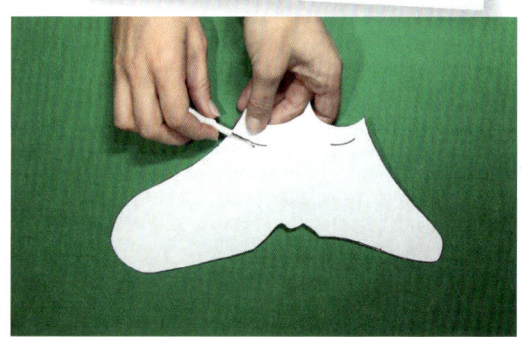

Einstellung der Nähmaschine

Stichwahl: Zickzack-Stich
Stichlänge: 0,35 – 0,45 mm Stellen Sie die Stichlänge nicht zu kurz ein. Lieber ein zweites Mal die Kontur nachnähen.
Stichbreite: Die Stichbreite richtet sich nach der Mustergröße. Genauere Angaben finden Sie in der Anleitung des jeweiligen Projektes.
Nadelposition: Nähfußmitte
Nähfuß: Applikationsfuß
Oberfadenspannung: 2 – 4
Nähmaschinennadel: Sticknadel 90
Oberfaden: Stickgarn passend zur Kontur
Unterfaden: Stickunterfaden in Schwarz

Nähen Sie eine Probenaht. Prüfen Sie die Einstellung der Fadenspannung, der Stichbreite und der Stichlänge. Unterlegen Sie die Fläche beim Umnähen mit dem Stickvlies.

Ulf aufnähen

Die Reihenfolge für die Konturen habe ich nummeriert. Wenn Sie diese Reihenfolge einhalten, sparen Sie sich an vielen Stellen das Vernähen. Grundsätzlich sichern Sie die Naht, indem Sie die Fäden nach hinten auf die Rückseite ziehen und verknoten – gegebenenfalls mit Hilfe einer Handnähnadel.
Sie brauchen jetzt das grüne Stickgarn.
1 | Beginnen Sie mit den Augenfalten und der Kinnfalte.
2 | Den rechten Arm, den Ellenbogen und die obere Handkontur.
3 | Am linken Arm die obere Handkontur, dann den Ellenbogen.
4 | Den Unterkörper und die Beine umnähen. Beginnen Sie am rechten Ellenbogen.
5 | Rechts und links die Konturen vom Arm bis zum Kopf.

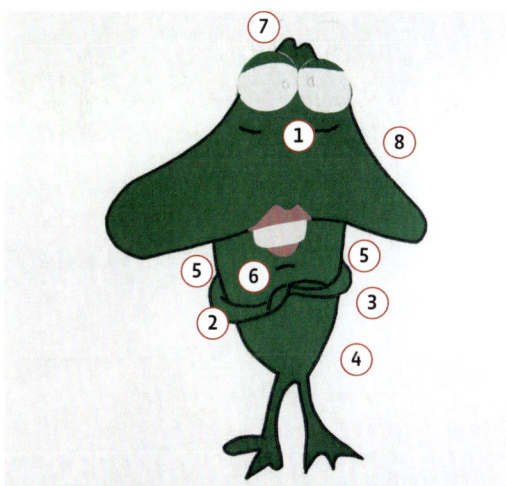

6 | Rechts und links die oberen Konturen an den Armen.
7 | Oben die Kopfspitze.
8 | Links die Kopfkontur vom Mund hin zum linken Auge, danach vom rechten Auge hin zum Mund.

9 | Fädeln Sie das blaue Stickgarn ein und nähen Sie die Kontur der Augen nach.

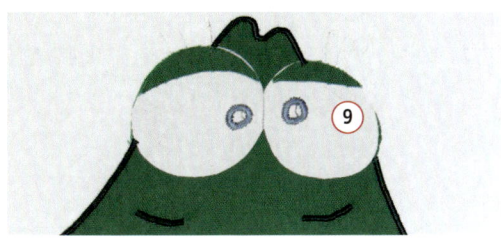

10 | Fädeln Sie das schwarze Stickgarn ein. Nähen Sie die Pupillen, die Wimpern und die Augenbrauen.
11 | Die untere Kontur der Augenlider.
12 | Die linke und die rechte Augenkontur.

13 | Fädeln Sie den Faden in Altrosa ein und steppen Sie die untere Kontur der Unterlippe.
14 | Fädeln Sie den weißen Faden ein. Nähen Sie die Mittelspalte an den Zähnen, dann die untere Kontur.
15 | Fädeln Sie erneut den Faden in Altrosa ein und umnähen Sie die Oberlippe.

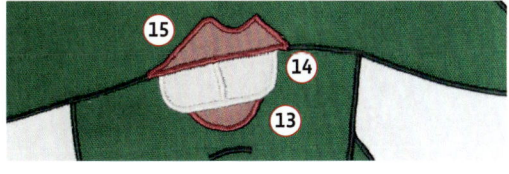

Grüne Gesellen
auf Kissen & Papierkorb

Eine Frau muss viele Frösche küssen, bevor sie – wenn überhaupt – ihren Märchenprinzen findet. Da haben es unsere Kids doch wesentlich einfacher. Sie sind schon happy, wenn sie Johann, Jörg oder Ulf von Alwina Drolls frechen Freaky Frogs©-Illustrationen auf einem großen Kuschelkissen haben. Und wenn sich die grünen Gesellen zusätzlich auch noch auf dem Papierkorb in ihrem Zimmer tummeln, kennt das Kinderglück keine Grenzen. Was braucht es dann noch einen Märchenprinzen?

Stoffbedarf für den Papierkorb

Messen Sie den Umfang und die Höhe des Papierkorbs mit dem Maßband. Daraus ergibt sich dann ein Rechteck.
Breite des Stoffes:
Umfang des Papierkorbes +
Nahtzugabe rechts + Nahtzugabe links.
Länge des Stoffes:
2 x Papierkorbhöhe + 4 x Nahtzugabe

Stoffbedarf

Weißer Baumwollstoff
140 cm breit, 70 cm lang
und Reststücke

Grüner Baumwollstoff
140 cm breit
40 cm lang

Gelber Baumwollstoff
140 cm breit
10 cm lang

Dunkelroter Baumwollstoff
140 cm breit
10 cm lang

Altrosa Baumwollstoff
140 cm breit
10 cm lang

Schwarzer Baumwollstoff
140 cm breit
10 cm lang

DAS BRAUCHEN SIE

Schwierigkeit

Unser Papierkorb hat einen Umfang von 90 cm und eine Höhe von 30 cm. Messen Sie Ihren Papierkorb aus. Gerade Papierkörbe sind einfacher zu nähen. Falls Sie einen konischen Papierkorb haben, machen Sie sich zuerst ein Schnittmuster dafür.

Stoffempfehlung
Baumwollstoffe

Stoffbedarf
siehe Auflistung links

Weitere Zutaten
Garn zum Nähen:
• 1 Garnrolle in Weiß
Garne für die Applikation:
• Je 1 Rolle Maschinen-Stickgarn in Grün, Dunkelrot, Gelb, Blau, Weiß, Altrosa und Schwarz
• 1 Rolle Stickunterfaden in Schwarz
Einlage und Stabilisatoren:
• 30 cm doppelseitige Klebeeinlage, 90 cm breit (Vliesofix)
• 30 cm Stickvlies, 90 cm breit
• 70 cm Volumenvlieseinlage zum Aufbügeln H640, 90 cm breit
• 25 cm Gewebeeinlage zum Aufbügeln H 740 in Weiß, 90 cm breit
Nadeln für die Nähmaschine:
• Universal 80
• für die Applikation Sticknadeln 90
Kordel:
• 3 mm Stärke, 2 m lang

Papierkorb-Husse

Weißer Stoff:
1 Rechteck 12 cm x 10 cm für die Zähne und für die Augen
Altrosa Stoff:
1 Quadrat 6 cm x 6 cm für die Lippen
Schwarzer Stoff:
1 Quadrat 13 cm x 10 cm für den Rachen

Verteilen Sie die Frösche auf dem Papierkorb nach Ihrem Geschmack.
Wie Johann, Jörg und Ulf genäht werden, haben wir in den Schritt für Schritt-Beschreibungen im Kapitel „Freche Frösche" ab S. 40 erklärt.

Einstellung der Nähmaschine
Stichwahl: Zickzack-Stich
Stichlänge: 0,35 – 0,45 mm
Stichbreite: 3 mm

Nähmaschinen-Füßchen für das Projekt
Aus dem Standardzubehör: Standardnähfuß, Knopflochfuß. Weitere Füßchen, die Ihnen das Nähen erleichtern: Applikationsfuß, Knopfannähfuß.

Weitere Hinweise zum Nähen
Nahtanfang und Nahtende mit ein paar Rückstichen vernähen. Wenn nichts anderes empfohlen wird, liegen die Stoffteile beim Zusammennähen rechts auf rechts aufeinander.

Untertritt nähen

Einstellung der Nähmaschine
Stichwahl: Geradstich
Stichlänge: 2,5 mm
Nadelposition: Nähfußmitte
Nähfuß: Standardnähfuß
Oberfadenspannung: 3 – 5
Nähmaschinennadel: Universal 80
Oberfaden: Allzweckfaden in Weiß
Unterfaden: Allzweckfaden in Weiß

Papierkorb zuschneiden

Die Nahtzugabe von 1,5 cm ist im Zuschnitt enthalten. Sie brauchen:
Aus dem weißen Baumwollstoff:
2 Rechtecke 33 cm x 90 cm
Aus dem gelben Stoff:
1 Streifen 33 cm x 23 cm für den Untertritt
Aus der Volumenvlieseinlage:
2 Rechtecke 33 cm x 90 cm
Aus der 25 cm Gewebeeinlage:
1 Streifen 33 cm x 23 cm

Stoff für die Applikationen zuschneiden:
Die Frösche aus dem Schnittmusterbogen, Schnitte „Papierkorb Johann, Ulf und Jörg" kopieren, dann die Form ausschneiden. Die Papiermuster für die Frösche können zusammen zum Zuschneiden auf die passende Stofffarbe gelegt werden. Der Zuschnitt reicht für alle drei Frösche.
Grüner Stoff:
1 Rechteck 70 cm x 40 cm für die Körper
Gelber Stoff:
1 Rechteck 15 cm x 10 cm für die Haare
Dunkelroter Stoff:
1 Quadrat 10 cm x 10 cm für den Rachen

Sie brauchen die gelben Zuschnitte 33 cm x 23 cm und die gleich große Gewebeeinlage. Bügeln Sie die Einlage auf der Stoffrückseite auf.
Ziehen Sie eine Linie an der Schnittkante entlang. Dabei lassen Sie in der Mitte eine Öffnung zum Wenden. Die Stoffkante stecken und an der Linie entlang nähen.
Bügeln Sie die Naht aus. Stecken Sie den Untertritt so, dass sich die Nahtzugabe mit der Wendeöffnung in der Mitte des Streifens befindet.

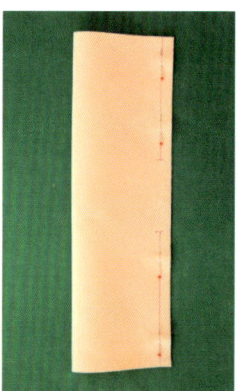

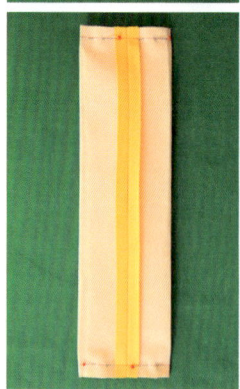

Die Naht nähen, die Ecken zurückschneiden und danach den Untertritt wenden. Den Schlitz mit ein paar Handstichen zunähen und nochmals bügeln.

Unser Tipp:

Anstatt Knopflöcher zu nähen, können Sie auch Ösen und Scheiben einschlagen. Sie brauchen 18 Ösen und Scheiben mit je 5 mm Durchmesser.

Husse zusammennähen

Auf der vorderen Hussenseite sind die Frösche appliziert. Bügeln Sie deshalb das Volumenvlies auf die Rückseite der Hussenvorderseite. Vorderteil und Rückenteil rechts auf rechts legen und ringsherum nähen. An der unteren Seite einen Schlitz zum Wenden offen lassen. Schneiden Sie die Ecken zurück, bügeln Sie die Naht aus und wenden Sie die Husse. Den Schlitz mit ein paar Handstichen zunähen und nochmals bügeln.

Knopflöcher nähen

Markieren Sie auf der rechten Seite die Position der Knopflöcher. Sie brauchen 18 Knopflöcher, die im Abstand von 3 cm zueinander genäht werden. Der Abstand zur Außenkante beträgt 1 cm. Das Knopfloch hat eine Länge von 15 mm und eine Breite von 4,5 mm. Viele moderne Nähmaschinen sind mit einer Knopflochautomatik ausgestattet. Sie können die Länge einstellen, und die Maschine näht das Knopfloch automatisch. Nutzen Sie diese Funktion aus!

Untertritt aufnähen

Der Untertritt wird an der linken Seite unter der Husse angenäht. Legen Sie den Untertritt im Abstand von 3,5 cm von der Kante entfernt unter die Husse und stecken Sie sie fest. Nähen Sie den Untertritt an. Der Abstand von der Naht zur Hussenkante beträgt 3 cm.

Zum Schluss schneiden Sie die Knopflöcher durch und schnüren die Kordel überkreuzt wie bei einem Schuh ein.

Kissen

Nähmaschinen-Füßchen für das Projekt
Aus dem Standardzubehör: Standardnähfuß, Reißverschlussfuß.
Sonderzubehör: Nahtverdeckter-Reißverschlussfuß. Weiteres Füßchen, das das Nähen erleichtert: Applikationsfuß.

Weitere Hinweise zum Nähen
Nahtanfang und Nahtende mit ein paar Rückstichen vernähen.
Wenn nichts anderes empfohlen wird, liegen die Stoffteile beim Zusammennähen rechts auf rechts aufeinander.

Kissen zuschneiden

Die Nahtzugabe von 1,5 cm ist im Zuschnitt enthalten. Sie brauchen:
Aus dem weißen Baumwollstoff:
1 Quadrat 53 cm x 53 cm
1 Rechteck 53 cm x 13 cm
1 Rechteck 53 cm x 43 cm

Stoff für Ulf zuschneiden
Aus dem grünen Stoff:
1 Quadrat 35 cm x 35 cm für den Körper
Aus dem weißen Stoff :
1 Quadrat 12 cm x 12 cm für die Augen
Aus dem altrosa Stoff:
1 Quadrat 7 cm x 7 cm für die Lippen

Ulf aus dem Schnittmusterbogen „Kissen Ulf" kopieren und vorbereiten. Bügeln Sie Ulf in der Mitte des Kissens auf.
Wie Ulf aufgenäht wird, haben wir in der Schritt für Schritt-Beschreibung im Kapitel „Freche Frösche" ab Seite 40 erklärt.

Einstellung der Nähmaschine
Stichwahl: Zickzack-Stich
Stichlänge: 0,35 – 0,45 mm
Stichbreite: 3 mm

Den Nahtreißverschluss einnähen
Sie brauchen die zwei Rechtecke für die Rückseite 53 cm x 13 cm und 53 cm x 43 cm.
Schneiden Sie das Kantenband in der Mitte durch. Bügeln Sie das Band auf der linken Seite auf die Nahtzugabe auf, genau dort, wo der Reißverschluss eingenäht wird. Die Einlage verhindert das Zusammenziehen der Naht. Der Reißverschluss wird in die Mitte der vorgesehenen Kante noch vor dem Zunähen der Naht eingearbeitet. Vorher versäubern Sie ringsherum alle Stoffkanten des Kissens.

DAS BRAUCHEN SIE

Schwierigkeit

Das Kissen hat eine Größe von 50 cm x 50 cm. Der Kissenüberzug wird mit einem nahtverdeckten Reißverschluss versehen.

Stoffempfehlung
Baumwollstoffe

Stoffbedarf

 Weißer Baumwollstoff
140 cm breit
55 cm lang

 **Grüner Stoff**
140 cm breit
35 cm lang

 **Altrosa Stoff**
140 cm breit
10 cm lang

Weitere Zutaten
Garn zum Nähen:
• 1 Garnrolle in Weiß
Garne für die Applikation:
• Je 1 Rolle Maschinen-Stickgarn in Grün, Blau, Weiß, Altrosa und Schwarz
• 1 Rolle Stickunterfaden in Schwarz
Einlage und Stabilisatoren:
• 30 cm doppelseitige Klebeeinlage, 90 cm breit (Vliesofix)
• 30 cm Stickvlies, 90 cm breit
Kantenband: 90 cm in Weiß
Nadeln für die Nähmaschine:
• Universal 80
• für die Applikation Sticknadeln 90
Reißverschluss: nahtverdeckt, 40 cm lang

Einstellung der Nähmaschine

Stichwahl: Geradstich
Stichlänge: 3 mm
Nadelposition: Nähfußmitte
Nähfuß: Nahtreißverschlussfuß
Oberfadenspannung: 3 – 5
Nähmaschinennadel: Universal 80
Oberfaden: Allzweckfaden in Weiß
Unterfaden: Allzweckfaden in Weiß

So wird's gemacht

Legen Sie den Reißverschluss mit dem Schieber auf die rechte Stoffseite. Die Bandbreite des Reißverschlusses ist 1 cm. Bei einer Nahtzugabe von 1,5 cm heften Sie den Reißverschluss im Abstand von 0,5 cm zur Schnittkante.
Den Reißverschluss öffnen.
Das Nähgut mit dem Reißverschluss unter den Nähfuß legen. Beim Steppen soll die Reißverschlussspirale in der ersten Fußführung laufen und die Nadel knapp an der Spirale entlang in das Band stechen.

Beginnen Sie die Naht am oberen Reißverschluss-Ende. Steppen Sie bis zur Markierung für das Schlitzende.

Die zweite Seite wird genauso eingenäht wie die erste, dabei läuft die Spirale in der anderen Fußführung.

Jetzt muss die Naht noch unterhalb vom Reißverschluss geschlossen werden.
Ich persönlich beginne mit der Naht gerne am Reißverschluss-Ende. Setzen Sie den Standard-Reißverschlussfuß ein und positionieren Sie die Nadel nach rechts.
Das Nähgut liegt unter der Nähmaschine auf der linken Seite. Die Nahtzugabe mit dem Reißverschluss-Ende liegt rechts vom Nähfuß. Beginnen Sie die Naht so nah wie möglich an der zuvor beendeten Naht. Meistens entsteht ein Abstand von ca. 2 mm. Der kleine Spielraum ist durchaus zu tolerieren. Wird der Abstand zu groß, sollten Sie nachnähen.

Unser Tipp:
Mit dem Reißverschlussfuß nähe ich nur die ersten 5 cm, danach setze ich erneut den Standardnähfuß ein und nähe die Naht zu Ende. Nähen Sie an beiden Enden die Naht zu.

Kissen fertignähen

Die obere Seite mit der Applikation und die untere Seite mit dem Reißverschluss rechts auf rechts legen und mit Stecknadeln feststecken.
Den Reißverschluss 10 cm öffnen. Nähen Sie das Kissen ringsherum fest. Bügeln Sie die Naht aus, danach wenden Sie das Kissen durch die Reißverschlussöffnung. Die Kissenhülle von der rechten Seite nochmals bügeln.

Schön aufgehängt
Gardine & Wimpelgirlande

Die klassische Gardine von früher in Wollweiß hat nahezu ausgedient, denn heutzutage sind der Phantasie und Kreativität keine Grenzen mehr gesetzt. Wenn beispielsweise der Blick nach draußen eher trostlos ist, kann ein fröhliches „Fensterbild" die Stimmung heben. So wie unsere Gardine mit den lustigen Frosch-Applikationen. Ähnlich verhält es sich auch mit der Wimpelgirlande. Warum soll man sie nur zu besonderen Anlässen wie zum Geburtstag, Sommerfest oder Fasching aufhängen? Karneval im Kinderzimmer kann das ganze Jahr sein!

DAS BRAUCHEN SIE

Schwierigkeit

Die Gardine für unser Fenster ist 80 cm breit und 2,30 m hoch.

Ausmessen der Fenster:
Ermitteln Sie die fertige Länge Ihrer Vorhänge, indem Sie einen Zollstock direkt neben dem Fenster flach an die Wand halten. Der Nullpunkt des Lineals sollte auf gleicher Höhe mit der Vorhangstange sein. Für die fertige Breite messen Sie die Länge der Vorhangstange ohne Endknöpfe zwischen den Stangenträgern. Wenn Sie eine Schiene verwenden, messen Sie deren Gesamtlänge ab. Möchten Sie zwei Vorhänge anbringen, teilen Sie die fertige Breite durch zwei.

Stoffmenge berechnen:
Die fertige Länge = 230 cm. Plus 20 cm Saumzugabe (10 cm zum Einschlagen und nochmals 10 cm zum Umschlagen) = 250 cm. Plus 25 cm Zugabe für die Schlaufen inkl. Bogenkante = 275 cm

Stoffempfehlung
Baumwollstoffe

Stoffbedarf
siehe Auflistung links

Weitere Zutaten
Garn zum Nähen:
• 1 Garnrolle in Weiß
Garne für die Applikation:
• Je 1 Rolle Maschinen-Stickgarn in Grün, Dunkelrot, Gelb, Blau, Weiß, Altrosa und Schwarz
• 1 Rolle Stickunterfaden in Schwarz
Einlage und Stabilisatoren:
• 60 cm doppelseitige Klebeeinlage, 90 cm breit (Vliesofix)
• 60 cm Stickvlies, 90 cm breit
Nadeln für die Nähmaschine:
• Universal 80
• für die Applikation Sticknadeln 90
Knöpfe: 7 Stück, mit einem Durchmesser von 3,0 cm
Schrägband: vorgefalzt 3 cm breit, 5 m lang

Stoffbedarf

Weißer Baumwollstoff
140 cm breit
280 cm lang

Grüner Baumwollstoff
140 cm breit
40 cm lang

Gelber Baumwollstoff
140 cm breit
10 cm lang

Dunkelroter Baumwollstoff
140 cm breit
10 cm lang

Roter Baumwollstoff
140 cm breit
10 cm lang

Altrosa Baumwollstoff
140 cm breit
10 cm lang

Schwarzer Baumwollstoff
140 cm breit
10 cm lang

Gardine mit Bogenkante

Vorbereitungen

Nähmaschinen-Füßchen für das Projekt
Aus dem Standardzubehör: Standardnähfuß. Weitere Füßchen, die Ihnen das Nähen erleichtern: Applikationsfuß, Knopfannähfuß.

Weitere Hinweise zum Nähen
Nahtanfang und Nahtende mit ein paar Rückstichen vernähen.

Gardine zuschneiden

Aus weißem Stoff:
1 Rechteck 2,75 m lang, 90 cm breit

Stoffe für die Applikationen zuschneiden
Die Frösche aus dem Schnittmusterbogen, Schnitt „Gardine Johann, Ulf und Jörg" kopieren und dann die Formen ausschneiden.

Für Johann
Aus dem grünen Stoff:
1 Rechteck 60 cm x 40 cm für den Körper
Aus dem gelben Stoff:
1 Rechteck 15 cm x 10 cm für die Haare
Aus dem dunkelroten Stoff:
1 Quadrat 12 cm x 12 cm für den Rachen
Aus dem roten Stoff:
1 Quadrat 8 cm x 8 cm für die Zunge
Aus dem weißen Stoff:
1 Quadrat 15 cm x 15 cm für die Zähne und für die Augen
Aus dem schwarzen Stoff:
1 Quadrat 10 cm x 10 cm für den Rachen

Wir haben Johann in der unteren Hälfte auf die linke Seite der Gardine appliziert.

Wie Johann genäht wird, haben wir in der Schritt für Schritt-Beschreibung erklärt, siehe Kapitel „Freche Frösche" ab Seite 40.

Einstellung der Nähmaschine
Stichwahl: Zickzack-Stich
Stichlänge: 3,5 - 4,5 mm
Stichbreite: 3 mm

Für Ulf
Aus dem grünen Stoff:
1 Rechteck 35 cm x 25 cm für den Körper
Aus dem weißen Stoff:
1 Rechteck 10 cm x 6 cm für die Zähne und für die Augen
Aus dem altrosa Stoff:
1 Quadrat 8 cm x 8 cm für die Lippen

Wir haben Ulf mittig oberhalb von Johann appliziert. Er befindet sich zwischen Johann und Jörg. Im Kapitel „Freche Frösche" ab Seite 40 finden Sie die Schritt für Schritt-Beschreibung zum Nähen von Ulf.

Einstellung der Nähmaschine
Stichwahl: Zickzack-Stich
Stichlänge: 0,35 – 0,45 mm
Stichbreite: 2,5 mm

Für Jörg
Aus dem grünen Stoff:
1 Rechteck 22 cm x 15 cm für den Körper
Aus dem weißen Stoff:
1 Quadrat 15 cm x 15 cm für die Augen

Jörg ist der kleinste Frosch auf der Gardine. Er hat den obersten Platz bekommen.
Auch die Schritt für Schritt-Anleitung für Jörg haben wir im Kapitel „Freche Frösche" ab Seite 40 beschrieben. Die Einstellung des Zickzack-Stiches ist die gleiche wie bei Ulf.

Gardine nähen

Seitenkanten:
Schlagen Sie die Längskante 2 cm nach innen ein und bügeln Sie die Kante. Schlagen Sie nochmals 2 cm um. Ebenfalls bügeln. Die Kante mit Stecknadeln feststecken.

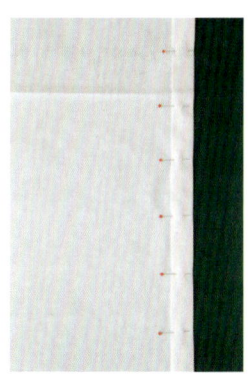

Einstellung der Nähmaschine

Stichwahl: Geradstich
Stichlänge: 3 mm
Nähfuß: Standardnähfuß
Nadelposition: Mitte
Die Oberfadenspannung: 3 – 5
Nähmaschinennadel: Universalnadel 80
Oberfaden: Allzweckfaden in Weiß
Unterfaden: Allzweckfaden in Weiß

Unser Tipp:

Verwenden Sie statt des Standardnähfußes den Schmalkantenfuß. Genäht wird von der linken Stoffseite. Legen Sie den Stoff unter den Nähfuß, sodass die Führung des Schmalkantenfußes an der gebügelten Kante entlang läuft. Die Nadel ist im Abstand von ca. 2 mm von der Kante weg positioniert.

Steppen Sie an beiden Seiten den Umschlag ab.

Bogenkante mit Schlaufen

Zuerst die obere Kante versäubern. Hierfür können Sie einen Overlockstich aus Ihrer Nähmaschine verwenden. Falls Sie eine Overlockmaschine haben, stellen Sie den 3-Faden-Versäuberungsstich an Ihrer Overlockmaschine ein. Schlagen Sie die obere Kante rechts auf rechts 25 cm ein.

Messen Sie von dem Rand 3 cm ab und legen Sie die Schablone gerade an. Den ersten Bogen einzeichnen.

Den nächsten Bogen zeichnen Sie im Abstand von 3 cm zum ersten Bogen.

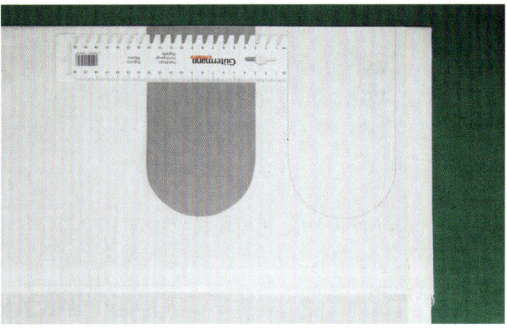

Alle sechs Bögen fortlaufend bis ans Ende des Stoffes aufzeichnen. Mit Stecknadeln feststecken und an den gezeichneten Linien entlang steppen.

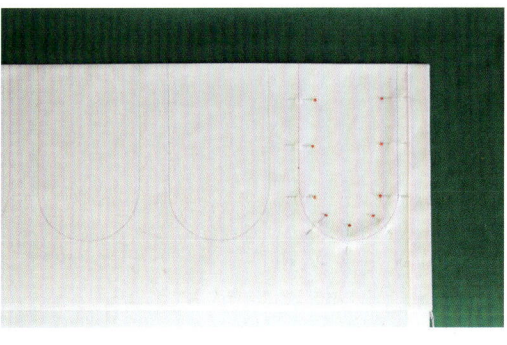

Jetzt die Bögen ausschneiden. Dabei lassen Sie eine Nahtzugabe von 1 cm zur Stepplinie stehen.

An den Biegungen innerhalb der Rundungen vorsichtig die Nahtzugaben einschneiden. Achten Sie darauf, dass die Naht nicht verletzt wird.

Die Nähte ausbügeln, dann die Schlaufen wenden und nochmals von der rechten Stoffseite bügeln. Die Schlaufen so nach vorne klappen, dass sie mit dem tiefsten Punkt der Bögen bündig abschließen. An jeder Schlaufe jeweils einen Knopf annähen. Die Knöpfe lassen sich mit dem Knopfannähprogramm und dem Knopfannähfuß am einfachsten annähen.
Falls Ihre Maschine kein Knopfannähprogramm hat, stellen Sie einen Zickzack-Stich mit einer Stichbreite von 3,5 mm ein. Der Transporteur muss dabei ausgeschaltet werden.

Die Schlaufen stecken und zusammen mit den Knöpfen annähen.

Saum nähen

Schlagen Sie die untere Kante 10 cm nach innen ein und bügeln Sie die Kante. Schlagen Sie nun nochmals bis zur abgesteckten Markierung um, ebenfalls bügeln. Die Kante mit Stecknadeln feststecken und mit der gleichen Einstellung wie an der Seitenkante den Saum festnähen.

Wimpelgirlande

DAS BRAUCHEN SIE

Schwierigkeit

Die Girlanden werden in Dreiecks-Form in einer Größe von 21 cm x 25 cm x 25 cm gearbeitet. Die Dreiecke werden mit einem Schrägband aneinander gereiht.

Stoffempfehlung
Baumwollstoffe

Stoffbedarf

weißer Baumwollstoff
140 cm breit, 60 cm lang
(oder Reststück von der Gardine)

grüner, gelber, dunkelroter Baumwollstoff
jeweils 140 cm breit, 35 cm lang

altrosa, roter, schwarzer Baumwollstoff
jeweils Reststücke

Weitere Zutaten
Garn zum Nähen:
• 1 Garnrolle in Weiß und Grün
Garne für die Applikation:
• Je 1 Rolle Maschinen-Stickgarn in Grün, Dunkelrot, Gelb, Blau, Weiß, Altrosa und Schwarz
• 1 Rolle Stickunterfaden in Schwarz
Einlage und Stabilisatoren:
• 30 cm doppelseitige Klebeeinlage, 90 cm breit (Vliesofix)
• 30 cm Stickvlies, 90 cm breit
• 70 cm dünnere Volumenvlieseinlage zum Aufbügeln H630, 90 cm breit
Nadeln für die Nähmaschine:
• Universal 80
• für die Applikation Sticknadeln 90
Schrägband: vorgefalzt 3 cm breit, 5 m lang

Vorbereitungen

Nähmaschinen-Füßchen für das Projekt
Aus dem Standardzubehör: Standardnähfuß. Weitere Füßchen, die Ihnen das Nähen erleichtern: Applikationsfuß, Schmalkantenfuß.

Weitere Hinweise zum Nähen
Nahtanfang und Nahtende mit ein paar Rückstichen vernähen. Wenn nichts anderes empfohlen wird, liegen die Stoffteile beim Zusammennähen rechts auf rechts aufeinander.

Girlande zuschneiden

Die Nahtzugabe von 1,5 cm ist im Zuschnitt enthalten. Das Dreieck aus dem Schnittmusterbogen, Schnitt „Dreieck Girlade" kopieren und die Form ausschneiden. Sie brauchen:
Aus dem weißen Stoff 12 Zuschnitte
Aus dem grünen Stoff 6 Zuschnitte
Aus dem gelben Stoff 4 Zuschnitte
Aus dem dunkelroten Stoff 4 Zuschnitte
Aus dem Volumenvlies 13 Zuschnitte

Stoff für die Applikationen zuschneiden
Die Frösche aus dem Schnittmusterbogen, Schnitt „Girlade Johann, Ulf und Jörg" kopieren, die Form ausschneiden. Da die Frösche kleiner sind als bei der Gardine, können alle Papiermuster zusammen zum Zuschneiden auf den passenden Stoff gelegt werden.
Grün: 1 Rechteck 30 cm x 40 cm für den Körper
Gelb: 1 Rechteck 15 cm x 10 cm für die Haare
Dunkelrot: 1 Quadrat 8 cm x 8 cm für den Rachen
Rot: 1 Quadrat 7 cm x 7 cm für die Zunge
Weiß: 1 Rechteck 15 cm x 10 cm für Zähne, Augen
Altrosa: 1 Quadrat 6 cm x 6 cm für die Lippen
Schwarz: 1 Quadrat 10 cm x 10 cm für den Rachen
Wie Johann, Ulf und Jörg aufgenäht werden, haben wir in der Schritt für Schritt-Beschreibung im Kapitel Freche Frösche ab Seite 40 erklärt.

Einstellung der Nähmaschine
Stichwahl: Zickzack-Stich
Stichlänge: 0,35 – 0,45 mm
Stichbreite: 2,5 mm

Girlande nähen

Einstellung der Nähmaschine
Stichwahl: Geradstich
Stichlänge: 3 mm
Nadelposition: Nähfußmitte
Nähfuß: Standardnähfuß

Oberfadenspannung: 3 – 5
Nähmaschinennadel: Universal 80
Oberfaden: Allzweckfaden in Weiß
Unterfaden: Allzweckfaden in Weiß

Insgesamt sind 13 Dreiecke für die Girlande vorgesehen. Für die Rückseite haben wir die gleiche Stofffarbe wie für die Vorderseite verwendet. Bügeln Sie zuerst das Volumenvlies auf die Rückseite des vorderen Dreiecks.

Die Stoffe rechts auf rechts legen und mit dem Geradstich zusammennähen. Lassen Sie die obere Kante zum Wenden offen. An der unteren Ecke den Stoff zurückschneiden.
Dreiecke wenden und nochmals bügeln.

Unser Tipp:
Die obere Kante mit einem breiteren Stich zusammennähen. Am schnellsten geht das mit der Overlockmaschine. Falls Sie keine Overlock haben, greifen Sie auf den genähten Zickzack-Stich aus Ihrer Nähmaschine zurück. Stellen Sie die Stichlänge auf 1,5 mm und die Stichbreite auf 5 mm. Die offene Kante wird dadurch flacher und lässt sich einfacher an das Schrägband anbringen.

Girlande fertignähen

Das Schrägband der Länge nach in der Mitte falten und bügeln. Verteilen Sie die Dreiecke. Das erste Dreieck positionieren Sie in der Mitte des Bandes. Stecken Sie die versäuberte Kante in dem Schrägband fest. Die weiteren Dreiecke im Abstand von 3 cm zueinander feststecken. Fädeln Sie oben und unten den grünen Faden in der Maschine ein. Nähen Sie schmalkantig das Schrägband zusammen, dabei werden die Dreiecke mit eingenäht.

Sag's mit Motiven
Türschild

„Er gehört zu mir, wie mein Name an der Tür", trällerte Schlagersängerin Marianne Rosenberg. Ein Ohrwurm, den keiner vergisst, der ihn je gehört hat. Genauso sollen eigentlich auch besondere Türschilder sein – unvergesslich. Sei es, durch freundliche Wünsche wie „Herzlich Willkommen" am Eingang oder ein nostalgisch verschnörkeltes „WC" an der Tür zur Gästetoilette. Und was könnte einen nachhaltigeren Eindruck hinterlassen als unsere selbstgenähte „Visitenkarte" mit liebevoll applizierten Motiven am Tor zum Kinderparadies?

Stoffbedarf

Weißer Baumwollstoff
140 cm breit
20 cm lang

Grüner Baumwollstoff
140 cm breit
15 cm lang

Roter Baumwollstoff
140 cm breit
10 cm lang

Altrosa Baumwollstoff
140 cm breit
10 cm lang

Schwarzer Baumwollstoff
140 cm breit
10 cm lang

DAS BRAUCHEN SIE

Schwierigkeit ● ● ●

Stoffempfehlung
Baumwollstoffe

Stoffbedarf
Falls Sie die Gardine genäht haben, bleiben genug Reststücke, die Sie auch für das Türschild verwenden können.
Wenn Sie einkaufen gehen, siehe Stoffbedarf links.

Weitere Zutaten
Garn zum Nähen:
• 1 Garnrolle in Weiß
Garne für die Applikation:
• Je 1 Rolle Maschinen-Stickgarn in Grün, Rot, Dunkelrot, Blau, Weiß, Altrosa und Schwarz
• 1 Rolle Stickunterfaden in Schwarz
Einlage und Stabilisatoren:
• 10 cm doppelseitige Klebeeinlage, 90 cm breit (Vliesofix)
• 15 cm Stickvlies, 90 cm breit
• 20 cm feste Gewebeeinlage zum Aufbügeln
Nadeln für die Nähmaschine:
• Universal 80
• für die Applikation Sticknadeln 90
Kordel:
• in Rot 3 mm stark, 80 cm lang
Ösen:
• Ösen mit Scheiben 5 mm, 2 Stück

Nähmaschinen-Füßchen für das Projekt

Aus dem Standardzubehör: Standardnähfuß.
Sonderzubehör: Freihandstickfuß.
Weiteres Füßchen, das Ihnen das Nähen erleichtert: Applikationsfuß.

Weitere Hinweise zum Nähen

Nahtanfang und Nahtende mit ein paar Rückstichen vernähen.
Wenn nichts anderes empfohlen wird, liegen die Stoffteile beim Zusammennähen rechts auf rechts aufeinander.

– – – – – – – – – – – – – – –

Türschild zuschneiden

Die Nahtzugabe von 1,5 cm ist im Zuschnitt enthalten. Das Türschild aus dem Schnittmusterbogen, Schnitt „Türschild", kopieren und ausschneiden.
Sie brauchen:
Aus dem weißen Stoff:
2 Zuschnitte

Stoff für die Fösche zuschneiden

Die Frösche aus dem Schnittmusterbogen, Schnitt „Türschild Johann, Ulf und Jörg", kopieren und ausschneiden. Da die Frösche kleiner sind als bei der Gardine, können alle Papiermuster zusammen zum Zuschneiden auf den passenden Stoff gelegt werden.
Grüner Stoff:
1 Rechteck 35 cm x 15 cm für den Körper
Roter Stoff:
1 Quadrat 5 cm x 5 cm für die Zunge
Weißer Stoff:
1 Quadrat 10 cm x 10 cm für die Augen
Altrosa Stoff:
1 Quadrat 5 cm x 5 cm für die Lippen
Schwarzer Stoff:
1 Quadrat 5 cm x 5 cm für den Rachen

Wie Johann, Ulf und Jörg aufgenäht werden, haben wir in der Schritt für Schritt-Beschreibung im Kapitel „Freche Frösche" ab Seite 40 erklärt.

Einstellung der Nähmaschine

Stichwahl: Zickzack-Stich
Stichlänge: 0,35 – 0,45 mm
Stichbreite: 2,5 mm

Den Namen nähen

Einstellung der Nähmaschine

Stichwahl: Zickzack-Stich
Transporteur: Der Transporteur wird zum Freihandnähen ausgeschaltet. Schauen Sie in der Bedienungsanleitung nach, wie Sie den Transporteur an Ihrer Nähmaschine abschalten können.
Stichlänge: Die Stichlänge ist hier nicht relevant, da der Transporteur abgeschaltet ist. Diese Aufgabe nehmen Sie selbst in die Hand.
Stichbreite: 2,5 mm
Nadelposition: Nähfußmitte
Nähfuß: Freihandnähfuß
Schauen Sie in der Bedienungsanleitung nach, wie die Nähfußstellung sein muss. Bei manchen Fabrikaten muss der Nähfuß nicht wie gewohnt nach unten positioniert werden, sondern in einer bestimmten Stick- und Stopfstellung.
Oberfadenspannung: 2 – 3
Nähmaschinennadel: Sticknadel 90
Oberfaden: Stickgarn in Rot
Unterfaden: Allzweckfaden in Weiß

Nachdem die Maschine eingestellt ist, nähen Sie wie gewohnt eine Probenaht. Schreiben Sie auf ein Stück Reststoff den gewünschten Namen auf. Führen Sie beim Nähen den Stoff so, als ob Sie schreiben würden.

Zugegeben, wenn Sie zum ersten Mal freihandnähen, ist es etwas ungewohnt. Die Maschine transportiert nicht. Sie bewegen eigenhändig den Stoff. Tun Sie das nicht, wird auf der Stelle genäht. Arbeiten Sie mit einer gleichmäßigen, mittleren Stichgeschwindigkeit. Nicht zu schnell, aber auch nicht zu langsam. Normalerweise geben Sie die Stichgeschwindigkeit mit dem Fußpedal vor. Hat Ihre Nähmaschine einen Start/Stopp-Knopf, können Sie den Arbeitsgang damit starten bzw. beenden.
Welche Technik Ihnen besser liegt, müssen Sie ausprobieren. Mit der Stichgeschwindigkeit und der Bewegung des Stoffes bestimmen Sie die Stichlänge. Die Stichlänge wird kürzer, wenn Sie ein schnelleres Tempo einlegen. Finden Sie Ihre ideale Geschwindigkeit heraus.
An der einen oder anderen Stelle wird sich eine kürzere oder längere Stichlänge nicht vermeiden lassen.
Halten Sie den Stoff immer mit beiden Händen und bewegen Sie ihn nach vorne, nach hinten, nach rechts und nach links. Nochmal: den Stoff dabei nicht drehen!
Schreiben Sie den gewünschten Namen von Hand auf, und nähen Sie die Buchstaben nach.

Türschild fertignähen

Einstellung der Nähmaschine
Stichwahl: Geradstich
Stichlänge: 3 mm
Nadelposition: Nähfußmitte
Nähfuß: Standardnähfuß
Oberfadenspannung: 3 – 5
Nähmaschinennadel: Universal 80
Oberfaden: Allzweckfaden in Weiß
Unterfaden: Allzweckfaden in Weiß

Schalten Sie den Transporteur wieder ein. Schneiden Sie die feste Gewebeeinlage ohne Nahtzugabe zu, und bügeln Sie sie auf die Rückseite des Vorderteils.

Die Stoffe rechts auf rechts legen und mit Stecknadeln feststecken. An der unteren Kante lassen Sie einen 10 cm langen Schlitz zum Wenden offen. Nähen Sie mit dem Geradstich ringsherum das Türschild fest. An den Rundungen die Nahtzugabe ausschneiden, die Naht ausbügeln und das Schild wenden.
Das Türschild nochmals bügeln und mit ein paar Handstichen den Schlitz zunähen.

Ösen einschlagen

Markieren Sie an der oberen Schildkante im Abstand von 2,5 cm und von der rechten und linken Kante im Abstand von 8 cm jeweils einen Punkt. An diesen Stellen schlagen Sie die Ösen ein.
Ziehen Sie die Kordel von hinten nach vorne durch. Passen Sie die Länge eventuell an. Danach binden Sie einen schönen Knoten, damit die Kordel nicht durchrutscht.

Schlauer Fuchs
auf bequemem Sitzwürfel

„Fuchs, du hast die Gans gestohlen", ist eines der bekanntesten deutschen Kinderlieder, das von Generation zu Generation weitergegeben wird. Da können die Eltern noch so modern eingestellt sein – dieser wunderschönen Tradition beugen sich alle. Außerdem gibt es nichts Vergleichbares, um den Kindern schon im frühesten Alter eines unserer meistverbreiteten Feld-, Wald- und Wiesentiere nahezubringen – den Fuchs. Kaum ein Tier ist so schlau und listig und doch so liebenswert wie er. Und genau das drückt auch Alwina Droll mit ihrer lustigen Illustration LöFüks© aus. Deshalb wird der Sitzwürfel mit einer Applikation von „Meister Reineke" der Knüller im Kinderzimmer sein.

DAS BRAUCHEN SIE

Schwierigkeit ■ ■ ■

Der Sitzwürfel hat eine Kantenlänge von 38 cm. Wir haben ihn im Möbelgeschäft gekauft. Damit er so aussieht, wie er uns gefällt, haben wir eine Husse zum Darüberstülpen genäht

Stoffempfehlung
Baumwollstoffe

Stoffbedarf
siehe Auflistung links

Weitere Zutaten
Garn zum Nähen:
• 1 Rolle in Grün
Garne für die Applikation:
• je 1 Rolle Maschinen-Stickgarn in Blau und Schwarz
• 1 Rolle Stickunterfaden in Schwarz
Einlage und Stabilisatoren:
• 35 cm doppelseitige Klebeeinlage, 90 cm breit (Vliesofix)
• 35 cm Stickvlies, 90 cm breit
• 90 cm dünne Volumenvlieseinlage zum Aufbügeln H630, 90 cm breit
Nadeln für die Nähmaschine:
• Universal 80
• für die Applikation Sticknadeln 90
Schrägband:
• 1,70 m in Grün, vorgefalzt 3 cm breit

Stoffbedarf

Weißer Baumwollstoff
140 cm breit
45 cm lang

Grüner Baumwollstoff
140 cm breit
45 cm lang

Orangefarbener Baumwollstoff
140 cm breit
45 cm lang

Gelber Baumwollstoff
140 cm breit
10 cm lang

Brauner Baumwollstoff
140 cm breit
10 cm lang

Roter Baumwollstoff
140 cm breit
10 cm lang

Nähmaschinen-Füßchen für das Projekt

Aus dem Standardzubehör: Standardnähfuß. Weitere Füßchen, die Ihnen das Nähen erleichtern: Applikationsfuß, Schmalkantenfuß.

Weitere Hinweise zum Nähen

Nahtanfang und Nahtende mit ein paar Rückstichen vernähen. Wenn nichts anderes empfohlen wird, liegen die Stoffteile beim Zusammennähen rechts auf rechts aufeinander.

Sitzwürfel zuschneiden

Die Nahtzugabe von 1,5 cm ist im Zuschnitt enthalten. Sie brauchen:

Aus dem weißen Stoff:
3 Quadrate 41 cm x 41 cm
Aus dem orangefarbenen Stoff:
1 Quadrat 41 cm x 41 cm
Aus dem grünen Stoff:
1 Quadrat 41 cm x 41 cm
Aus dem Volumenvlies:
5 Quadrate 41 cm x 41 cm

Stoff für die Applikationen zuschneiden

Den Fuchs mit dem Rasen aus dem Schnittmusterbogen, Schnitt „Sitzwürfel LöFüks©", kopieren und danach die Form ausschneiden.
Sie brauchen:

Aus dem weißen Stoff:
1 Quadrat 8 cm x 8 cm für die Augen und den Mund
Aus dem orangefarbenen Stoff:
1 Rechteck 22 cm x 32 cm für den Körper
Aus dem braunen Stoff:
Braun, 1 Rechteck 10 cm x 8 cm für die Pinsel
Aus dem gelben Stoff:
1 Quadrat 8 cm x 8 cm für die Medaille
Aus dem grünen Stoff:
1 Rechteck 41 cm x 18 cm für den Rasen
Aus dem roten Stoff:
1 Rechteck 15 cm x 8 cm für das Halsband

Aus der doppelseitigen Klebeeinlage jeweils einen Zuschnitt in der Größe der Baumwollstoff-Zuschnitte für die Applikation zuschneiden und gleich auf die Rückseite aufbügeln.

Applikation vorbereiten

Anschließend zeichnen Sie die Formen spiegelverkehrt auf die aufgebügelte Klebeeinlage auf. Den Fuchs und die Pinselborsten auf den orangefarbenen Stoff, auf den weißen die Augen und die Zähne, auf den roten das Halsband. Auf den gelben Stoff die Medaille und auf Braun die Pinselstiele. Den grünen Stoff verwenden Sie für den Rasen.
Dann die Formen ausschneiden und das Papier von der Stoffrückseite abziehen. Bügeln Sie zuerst den grünen Rasen bündig zur unteren Kante auf den Stoff auf. Für den Fuchs ist die Platzierung im Rasen schon vorgegeben. Bügeln Sie den Fuchs auf. Auf den Fuchs bügeln Sie die Augen, die Zähne, das Halsband und die Medaille. Zum Schluss bügeln Sie die Pinsel samt Borsten auf.

Linien übertragen

Mit dem Kreidestift übertragen Sie alle Linien. Einfacher geht es, wenn Sie an der Papierschablone am Kopf und am Halsband entlang der Linien einschneiden. Legen Sie die Papierschablone erneut auf, klappen Sie eine Seite der Schablone weg und übertragen Sie jetzt die Kontur. Die Medaille ausschneiden, auf die Applikation legen und die Kontur und die Zahl übertragen.

Fuchs aufnähen

Einstellung der Nähmaschine

Stichwahl: Zickzack-Stich
Stichlänge: 0,35 –0,45 mm
Stichbreite: 3 mm
Nadelposition: Nähfußmitte
Nähfuß: Applikationsfuß
Oberfadenspannung: 2 – 4
Nähmaschinennadel: Sticknadel 90
Oberfaden: Stickgarn in Blau
Unterfaden: Stickunterfaden in Schwarz

Grundsätzlich sichern Sie die Naht, indem Sie die Fäden nach hinten auf die Rückseite ziehen und verknoten. Damit Ihnen an der einen oder anderen Stelle das Vernähen der Naht erspart bleibt, halten Sie sich beim Nähen an die vorgegebene Reihenfolge. Die jeweilige Folgenaht übernäht an vielen Stellen den Anfang und das Ende der zuvor genähten Kontur.

Unterlegen Sie die Applikation mit Stickvlies. Nähen Sie mit dem blauen Faden die Kontur der Augen.

Ab jetzt brauchen Sie als Oberfaden nur noch den schwarzen Stickfaden.

1| Nähen Sie die Pupille, dann die Außenkontur der Augen.
2| Die Augenbrauen, die Ohren und die Kontur der Nasenspitze.
3| Die untere Kontur an den Zähnen und die Mundlinie.
4| Die Kontur des Rasens.
5| Am linken Arm die untere Konturlinie. Am rechten Arm die angedeutete Linie zwischen Körper und Arm.
6| Rechts und links jeweils das Halsband an den Kanten.

Exakte Applikations-Nähte
Beim Aufnähen der Applikationen kommt es darauf an, sehr kleine Stiche so dicht wie möglich zu machen. Dann sieht die Naht nicht nur wie aufgemalt aus, sondern garantiert auch eine dauerhafte Haltbarkeit. Schließlich sollen sich die handwerklichen Arbeiten auch nach mehrmaligem Waschen noch sehen lassen können.

7 | Bei der Medaille zuerst die Außenkontur mit den Bögen, dann den Kreis und die Zahl.
8 | Bei den Pinseln die Borsten und die Trennlinie.
9 | Auf der linken Seite am Körper beginnen, um den Schwanz herum bis zum Körper hin nähen.
10 | Für den linken Arm beginnen Sie an der Handfläche und nähen obenherum bis zum Ellenbogen.

11 | Auf der linken Seite vom Ellenbogen zur Schulter und dann bis zur Kopfkante.
12 | Das linke Bein im Schritt beginnen und nach oben hin auf der markierten Linie nähen.
13 | Die Kontur um die Pinsel herum nähen.
14 | Die rechte Seite an der Schulter beginnen, über die Pinsel hinweg und bis zum Schritt.

15 | Die Gesichtskontur beginnen Sie an der Mundspitze, nähen über die Nase, die linke Gesichtshälfte, über die Ohrspitze bis zur Stirn.
16 | Die Naht am rechten Ohr an der Stirn beginnen, über die Spitze nähen und am Schulteransatz aufhören.

17 | Die Stirn am linken Ohr beginnen und am rechten Ohr aufhören.
18 | Nähen Sie die untere Bauchkontur.
19 | Alle Grasspitzen vom Rasen nähen.
20 | Zum Schluss die Barthaarpünktchen und die Pünktchen auf den Pinseln. Für die Pünktchen reduzieren Sie die Zickzack-Stichbreite auf 1,7 mm. Nähen Sie 5 Stiche auf der Stelle.

Sitzwürfel nähen

Einstellung der Nähmaschine
Stichwahl: Geradstich
Stichlänge: 3 mm
Nadelposition: Nähfußmitte
Nähfuß: Standardnähfuß
Oberfadenspannung: 3 – 5
Nähmaschinennadel: Universal 80
Oberfaden: Allzweckfaden in Grün
Unterfaden: Allzweckfaden in Grün

Auf alle Zuschnitte das Volumenvlies auf die Stoffrückseite bügeln. Alle Kanten ringsum versäubern. Dazu verwenden Sie einen Overlockstich aus Ihrer Nähmaschine oder die Overlockmaschine.
Stellen Sie den Geradstich wieder ein. Den grünen Zuschnitt für die Sitzfläche zuerst auf die Seite legen. Alle weiteren Quadrate werden aneinandergenäht.
Markieren Sie sich die Nahtlinien. Diese sind 1,5 cm von der Schnittkante entfernt. An der oberen Kante, dort, wo später die Sitzfläche eingesetzt wird, hört die Nahtlinie bei 1,5 cm auf. An dieser Stelle wird nur bis zur Nahtzugabe gesteppt. Keinen Stich weiter! Nicht in die Nahtzugabe nähen. Das ist wichtig, damit die Sitzfläche später sauber eingesetzt werden kann und beim Wenden die Ecken auch eckig werden.

Nähen Sie zuerst an die Seite mit der Applikation rechts und links je ein weißes Stoffquadrat. Zwischen den weißen Stoffen nähen Sie den orangefarbenen Stoff ein. Auch hier hört Ihre Naht 1,5 cm von der oberen Kante auf.
Bügeln Sie die Nahtzugaben auseinander.

Sitzfläche einsetzen

Markieren Sie die Nahtlinien. Ringsherum zeichnen Sie mit einem Markierstift eine Linie im Abstand von 1,5 cm. Die Linie endet genau 1,5 cm von der Ecke entfernt.
Stecken Sie zuerst eine Seite der Sitzfläche an dem Seitenteil fest. Der Nahtanfang beginnt genau dort, wo die Seitennaht aufhört. Steppen Sie die Naht genau bis zur nächsten Seitennaht, also bis zur Nahtzugabe. Keinen Stich weiter, nicht über die Nahtzugabe nähen!
Die gegenüberliegende Seite genauso steppen. Die Naht für die zwei weiteren Seiten der Sitzfläche beginnt und endet genau an der Nahtzugabe. An den Ecken die Nahtzugabe zurückschneiden, dann bügeln.

Schrägband annähen

Die untere offene Kante wird auf einfachste Weise mit dem vorgefalzten Schrägband eingefasst. Dazu falten Sie das Schrägband der Länge in der Mitte und bügeln es.
Beginnen Sie mit dem Stecken an dem hinteren Stoffteil. Klappen Sie dazu das Schrägband auf. Legen Sie die Stoffkante mit der linken Stoffseite auf die Mitte des Schrägbandes. Klappen Sie die überstehende Seite des Schrägbandes nach vorne zur rechten Stoffseite. Stecken Sie das Schrägband von der rechten Seite. Schrägband um die vier Seiten herum stecken, eine Überlappung von 3 cm stehen lassen und die überschüssige Länge wegschneiden. Das Schrägbandende 1,5 cm auf der Rückseite einschlagen, gut stecken. Das Schrägband nun mit dem Schmalkantenfuß, schmalkantig steppen.

Super Multitalente
Kuschelrolle & Matchsack

Eine dicke, weiche Kuschelrolle ist nicht nur zum Knuddeln da. Vor Fenster oder Türen gelegt schützt das coole Teil auch vor kaltem Luftzug. Und last but not least macht sich so eine tolle Rolle auch sehr dekorativ auf Bett, Sofa oder Sessel. Vor allem dann, wenn noch eine Applikation wie LöFüks© darauf prangt. Auch der außergewöhnliche und strapazierfähige Matchsack ist vielseitig verwendbar. Ob für den Sportunterricht in der Schule, für das Schwimmbad oder als Schuhbeutel für den Urlaubskoffer – der schlaue Fuchs ist einfach ein Multitalent. Deshalb ist er ja auch gerade auf diesen beiden Teilen so ideal als Applikation!

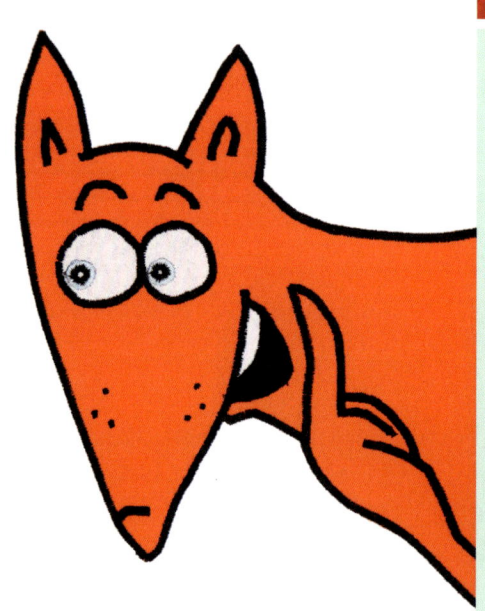

DAS BRAUCHEN SIE

Schwierigkeit

Die Kuschelrolle ist 1,10 m lang.

Stoffempfehlung
Baumwollstoffe

Stoffbedarf
siehe Auflistung links

Weitere Zutaten
Garn zum Nähen:
• je 1 Rolle in Orange
Garne für die Applikation:
• je 1 Rolle Maschinen-Stickgarn in Blau und Schwarz
• 1 Rolle Stickunterfaden in Schwarz
Einlage und Stabilisatoren:
• je 25 cm doppelseitige Klebeeinlage, 90 cm breit (Vliesofix)
• je 25 cm Stickvlies, 90 cm breit
• 110 cm dünnere Volumenvlieseinlage zum Aufbügeln H630, 90 cm breit
Nadeln für die Nähmaschine:
• Universal 80
• für die Applikation Sticknadeln 90
Füllwatte für die Kuschelrolle:
• reichlich, um den Kuschelfuchs und Zugluftstopper zu füllen.

Stoffbedarf

Weißer Baumwollstoff
140 cm breit
60 cm lang

Orangefarbener Baumwollstoff
140 cm breit
60 cm lang

Schwarzer Baumwollstoff
140 cm breit
45 cm lang

Nähmaschinen-Füßchen für das Projekt

Aus dem Standardzubehör: Standardnähfuß. Weiteres Füßchen, das Ihnen das Nähen erleichtert: Applikationsfuß.

Weitere Hinweise zum Nähen

Nahtanfang und Nahtende mit ein paar Rückstichen vernähen. Wenn nichts anderes empfohlen wird, liegen die Stoffteile beim Zusammennähen rechts auf rechts aufeinander.

Zugluftstopper zuschneiden

Zuerst den Kreis aus dem Schnittmusterbogen, Schnitt „Kreis Zugluftstopper", kopieren und ausschneiden.
Die Nahtzugabe von 1,5 cm ist im Zuschnitt enthalten. Sie brauchen:
Aus dem weißen Stoff:
1 Rechteck 56 cm x 35 cm und 1 Kreis lt. Vorlage
Aus dem orangefarbenen Stoff:
1 Rechteck 56 cm x 81 cm und 1 Kreis lt. Vorlage
Aus dem Volumenvlies:
1 Rechteck 56 cm x 113 cm und 2 Kreise lt. Vorlage

Stoff für die Applikationen zuschneiden

Den Fuchs aus dem Schnittmusterbogen, Schnitt „Zugluftstopper LöFüks©", kopieren und ausschneiden. Sie brauchen:
Aus dem weißen Stoff:
1 Quadrat 10 cm x 10 cm
Aus dem orangefarbenen Stoff:
1 Rechteck 25 cm x 20 cm
Aus dem schwarzen Stoff:
1 Quadrat 10 cm x 10 cm

Aus der doppelseitigen Klebeeinlage jeweils einen Zuschnitt in der Größe der Baumwollstoff-Zuschnitte für die Applikation zuschneiden und gleich auf die Rückseite aufbügeln.

Applikation vorbereiten

Den Fuchs vom Schnittmusterbogen kopieren und ausschneiden. Auch die Zähne, den Mund und die Augen kopieren und ausschneiden.
Die Formen zeichnen Sie spiegelverkehrt auf die aufgebügelte Klebeeinlage auf. Den Fuchs auf den orangefarbenen Stoff, Augen und Zähne auf den weißen und den Mund auf den schwarzen. Dann die Formen ausschneiden und das Papier von der Stoffrückseite abziehen. Den Fuchs mittig an der rechten Stoffkante platzieren und aufbügeln. Die Platzierung von Augen, Mund und Zähnen geht sehr leicht, wenn Sie sie aus der großen Papierschablone ausschneiden.

Ziehen Sie das Papier von der Rückseite ab und platzieren Sie die Formen auf den Körper. Bügeln Sie die Augen, den Mund und die Zähne auf.

Linien übertragen

Mit dem Kreidestift übertragen Sie alle Linien. Dazu schneiden Sie die Papierschablone entlang den Linien am Kopf, an den Fingern, an der Nase und an den Ohren ein. Legen Sie die Papierschablone erneut auf. Klappen Sie eine Seite der Schablone weg und übertragen Sie jetzt die Kontur.

Fuchs aufnähen

Einstellung der Nähmaschine

Stichwahl: Zickzack-Stich
Stichlänge: 0,35 – 0,45 mm
Stichbreite: 3
Nadelposition: Nähfußmitte
Nähfuß: Applikationsfuß
Oberfadenspannung: 2 – 4
Nähmaschinennadel: Sticknadel 90
Oberfaden: Stickgarn in Blau
Unterfaden: Stickunterfaden in Schwarz

Die Reihenfolge, wie Sie die Konturen nachnähen, ist nummeriert. Wenn Sie diese Reihenfolge einhalten, sparen Sie sich an vielen Stellen das Vernähen, weil die Folgenaht den Anfang und das Ende der zuvor genähten Kontur übernäht. Grundsätzlich sichern Sie die Naht, indem Sie die Fäden nach hinten auf die Rückseite ziehen und verknoten.
Unterlegen Sie die Applikation mit Stickvlies. Nähen Sie mit dem blauen Faden die Kontur der Augen nach.
Ab jetzt brauchen Sie als Oberfaden den schwarzen Stickfaden, also fädeln Sie ihn ein.

1 | Nähen Sie die Pupille und danach die Außenkonturen der Augen.

2 | Die Augenbrauen, die Ohren und die Kontur der Nasenspitze.

3 | Die untere Kontur an den Zähnen, dann an den Mund.

4 | Die obere Kontur an der Hand

5 | Die untere Halskante.

6 | Für die Rückenkontur beginnen Sie an der Innenseite des Ohrs, nähen über die Ohrspitze und den Rücken.

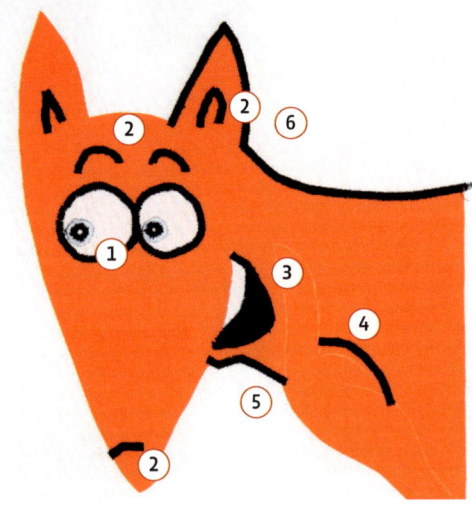

7 | Die Gesichtskontur beginnen Sie an der Mundspitze, nähen über die Nase, über die linke Gesichtshälfte, hoch über die Ohrspitze bis zur Stirn.

8 | Die obere Kopfkontur nähen.

9 | Den Ballen an der Hand. Danach die untere Kontur zum Finger hoch, dann runter bis zur Hand.

10 | Für die Barthaarpünktchen reduzieren Sie die Zickzack-Stichbreite auf 1,7 mm. Nähen Sie 5 Stiche auf der Stelle.

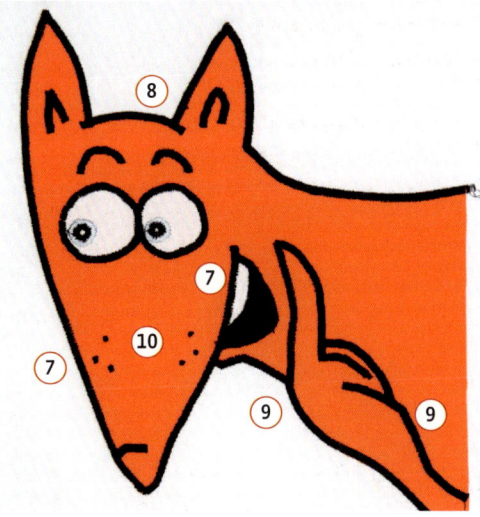

Die Vielseitigkeit unserer Kuschelrolle

Man kann herrlich mit ihr knuddeln

Ob zum Spielen auf dem Boden, als Rückenstütze auf dem Sofa oder zum Kuscheln im Bett – so eine dicke, weiche Rolle macht alles mit. Erst recht, wenn sie so sorgfältig verarbeitet und dadurch so strapazierfähig wie diese ist.

Sie stoppt kalte Zugluft

Nichts ist unangenehmer als ein ständiger, kalter Luftzug unter der Tür oder dem Fenster. Jeder, der nicht in einem neuen oder neu isolierten Heim lebt, kennt das Problem. Doch wir haben die Lösung dafür: unsere Rolle als Zugluft-Stopper. Einfach unten vor die Ritze legen, und schon hat die kalte Luft von draußen keine Chance mehr, reinzukommen, und die warme bleibt drinnen.

Zugluftstopper nähen

Einstellung der Nähmaschine

Stichwahl: Geradstich
Stichlänge: 3 mm
Nadelposition: Nähfußmitte
Nähfuß: Standardnähfuß
Oberfadenspannung: 3 – 5
Nähmaschinennadel: Universal 80
Oberfaden: Allzweckfaden in Weiß
Unterfaden: Allzweckfaden in Weiß

Nähen Sie den weißen Stoff mit der Applikation an die kurze Seite des orangefarbenen Stoffes. Bügeln Sie die Naht aus. Auf der gesamten Fläche und auf den Kreisen bügeln Sie das Volumenvlies auf die Stoffrückseite auf. Die Kanten ringsherum versäubern. Dazu verwenden Sie einen Overlockstich aus Ihrer Nähmaschine oder die Overlockmaschine. Stellen Sie erneut den Geradstich ein. Stecken Sie sorgfältig und nähen Sie die lange Seite zu. In der Mitte sollte ein Schlitz, ca. 15 cm lang, zum Wenden offen bleiben.

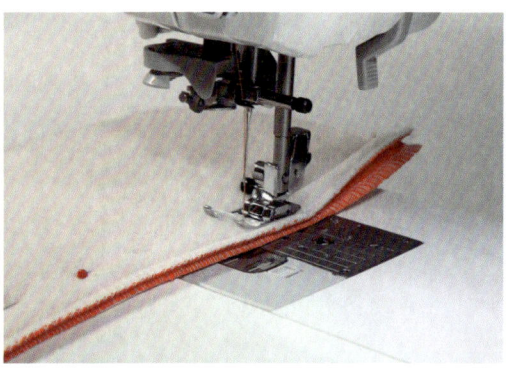

Legen Sie den Schlauch glatt auf Ihre Arbeitsfläche. Stecken Sie eine Stecknadel in die Naht und eine etwas weiter auf die gegenüberliegende Seite im Bruch. Legen Sie jetzt den Schlauch so, dass die Stecknadeln übereinander liegen. Praktisch ist die Naht in der Mitte, und die Stecknadeln liegen zusammen. Stecken Sie zwei weitere Nadeln rechts und links in den Bruch ein. Sie haben jetzt den Schlauch halbiert, dann geviertelt und mit Stecknadeln vier Markierungspunkte gesetzt. Den gleichen Arbeitsgang machen Sie mit dem Kreis.

Heften Sie den Kreis mit vielen Nadeln rechts auf rechts an die Schlauchkante, sodass die vier Stecknadeln aufeinanderpassen.

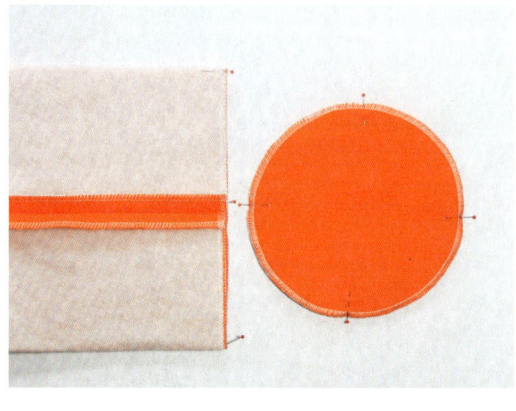

Nähen Sie jetzt den Kreis an der Schlauchkante ein.

Die Rolle durch den Kreis wenden, mit Füllwatte füllen und den Schlitz mit ein paar Handstichen zunähen.

Matchsack

DAS BRAUCHEN SIE

Schwierigkeit
30 cm breit x 40 cm hoch

Stoffempfehlung
Baumwollstoffe

Stoffbedarf
siehe Auflistung links

Weitere Zutaten
Garn zum Nähen:
• je 1 Rolle in Orange
Garne für die Applikation:
• je 1 Rolle Maschinen-Stickgarn in Blau und Schwarz
• 1 Rolle Stickunterfaden in Schwarz
Einlage und Stabilisatoren:
• je 25 cm doppelseitige Klebeeinlage, 90 cm breit (Vliesofix)
• je 25 cm Stickvlies, 90 cm breit
• 15 cm dünnere Volumenvlieseinlage zum Aufbügeln H630, 90 cm breit
Nadeln für die Nähmaschine:
• Universal 80
• für die Applikation Sticknadeln 90
Kordel: 3 mm Stärke, 1,8 m lang
Ösen: Ösen mit Scheiben 8 mm, 4 Stück

Stoffbedarf

Weißer Baumwollstoff
140 cm breit
45 cm lang

Orangefarbener Baumwollstoff
140 cm breit
35 cm lang

Schwarzer Baumwollstoff
140 cm breit
10 cm lang

Vorbereitungen

Nähmaschinen-Füßchen für das Projekt
Aus dem Standardzubehör: Standardnähfuß. Weiteres Füßchen, das Ihnen das Nähen erleichtert: Applikationsfuß.

Weitere Hinweise zum Nähen
Nahtanfang und Nahtende mit ein paar Rückstichen vernähen. Wenn nichts anderes empfohlen wird, liegen die Stoffteile beim Zusammennähen rechts auf rechts aufeinander.

- - - - - - - - - - - - - -

Zuschneiden

Stoff für die Applikationen zuschneiden:
Den Fuchs aus dem Schnittmusterbogen, Schnitt „Matchsack LöFüks©", kopieren und die Form ausschneiden. Sie brauchen:
Aus dem weißen Stoff: 1 Quadrat 10 cm x 10 cm
Aus dem orangefarbenen Stoff:
1 Rechteck 25 cm x 20 cm
Aus dem schwarzen Stoff:
1 Quadrat 10 cm x 10 cm
Wie der Fuchs aufgenäht wird, haben wir in der Schritt für Schritt-Beschreibung im Kapitel „Schlauer Fuchs" ab Seite 60 erklärt. Positioniert wird der Fuchs in dem unteren Bereich auf der Vorderseite des Matchsacks.

Einstellung der Nähmaschine
Stichwahl: Zickzack-Stich
Stichlänge: 0,35 – 0,45 mm
Stichbreite: 3 mm

- - - - - - - - - - - - - -

Das Futter nähen

Einstellung des Geradstiches
Stichwahl: Geradstich
Stichlänge: 2,5 mm
Nadelposition: Nähfußmitte
Nähfuß: Standardnähfuß
Oberfadenspannung: 3 – 5
Nähmaschinennadel: Universal 80
Oberfaden: Allzweckfaden in Weiß
Unterfaden: Allzweckfaden in Weiß

Sie brauchen zwei weiße Zuschnitte 33 cm x 43 cm. Die Stoffe rechts auf rechts legen und stecken. Die obere Kante bleibt offen. An der unteren Kante einen Schlitz, ca. 12 cm lang, zum Wenden offen lassen. Nähen Sie die rechte, danach die linke Seite jeweils bis zum Schlitz zu. Die Naht ausbügeln, die Ecken zurückschneiden, den Beutel wenden und nochmals von rechts bügeln.

Die Außenseite nähen

Die rechte Seite mit der Applikation rechts auf rechts auf den orangefarbenen Stoff legen. Die obere Kante bleibt offen. Alle anderen Seiten schließen.
Mittig an der oberen Kante im Abstand von 5 cm markieren Sie zwei Punkte. An dieser Stelle werden die zwei Ösen angebracht. Der Abstand zwischen den Ösen beträgt 4 cm. Wie die Ösen eingeschlagen werden, entnehmen Sie der Packungsbeilage.

- - - - - - - - - - - - - -

Bügeln Sie die Naht aus. Stecken Sie den Futterbeutel in den Außenbeutel hinein. Achten Sie darauf, dass die Nahtzugaben übereinander liegen. Stecken Sie mit Stecknadeln die obere Kante fest. Danach festnähen.
Die Nahtzugabe ausbügeln und den Beutel durch den Schlitz nach rechts wenden. Den Wendeschlitz stecken und schmalkantig zunähen. Die

Futterseite muss glatt in dem Außenbeutel liegen. Nochmals bügeln.

Die unteren Ösen einschlagen

Markieren Sie jeweils 2 cm von der unteren Kante und von der äußeren Kante entfernt einen Punkt. An diesen Stellen werden die zwei weiteren Ösen angebracht.

Fertigstellen

Sie brauchen jetzt nur noch einen Tunnel, um die Kordel durchziehen zu können. Dafür ziehen Sie drei Linien, die parallel zur oberen Kante im Abstand von 2,5 cm, 4,5 cm und 5 cm verlaufen. Steppen Sie jeweils über die Linien.
Ziehen Sie die Kordel mit Hilfe einer Durchziehnadel durch den Tunnel. Binden Sie einen leichten Knoten an dieser Stelle. Führen Sie jetzt die zwei Kordelenden durch die unteren Ösen durch.
Die Kordellänge anpassen, einen Knoten binden und das Ende durch die Öse nach hinten durchziehen. Die Kordel evtl. zurückschneiden.

Matchsack vom Feinsten

Kordel zum Umhängen
Die Kordel ist fest und lang, damit sich der Matchsack lässig über der Schulter tragen lässt. Natürlich haben wir den Fuchs so appliziert, dass er auch dabei nicht zu übersehen ist und mit seinem listigen Gesicht alle Blicke auf sich zieht.

Ösen zum Durchziehen
Wenn schon, denn schon. Die Metallösen sorgen dafür, dass die Löcher zum Durchziehen nicht ausfransen. Der Matchsack bekommt dadurch insgesamt mehr Stabilität und Langlebigkeit. Denn schließlich soll er mindestens die Jahre in der Grundschule durchhalten. Und falls Ihrem Nachwuchs der Fuchs auch weiterhin gefällt, wird ihn der Matchsack auch noch länger begleiten.

Fadenspannung

Oberfadenspannung

Der Oberfaden läuft zwischen zwei Scheiben durch den Oberfadenspannungs-Mechanismus. Die zwei Scheiben halten den Faden gespannt und lassen ihn weiter in die nächste Fadenführung und zum Fadengeber durchlaufen.

Unterfadenspannung

Eine gute Unterfadenspannung bekommen Sie, wenn der Unterfaden auf die Spule gleichmäßig aufgespult ist. Achten Sie beim Spulen darauf, dass der Faden sauber durch die Vorspannung läuft und in alle Führungen eingelegt ist.

Die Unterfadenspannung wird an der Spulenkapsel verändert.

Wie das funktioniert, ist von Fabrikat zu Fabrikat aufgrund der verschiedenen Greifer-Systeme unterschiedlich. Schauen Sie in Ihrer Bedienungsanleitung nach, wo genau die Unterfadenspannung verändert wird.

Die Unterfadenspannung reagiert etwas empfindsamer auf die Veränderung. Daher sollten Sie hier grundsätzlich nur in kleinen Schritten verstellen.

Fadenspannung zum Nähen

Die Fadenspannung ist zum Nähen richtig eingestellt wenn, die Verschlingung des Oberfadens mit dem Unterfaden zwischen den Stofflagen ist. Die Fäden laufen glatt und ohne den Stoff zu ziehen, zu kräuseln oder Schlingen zu bilden.

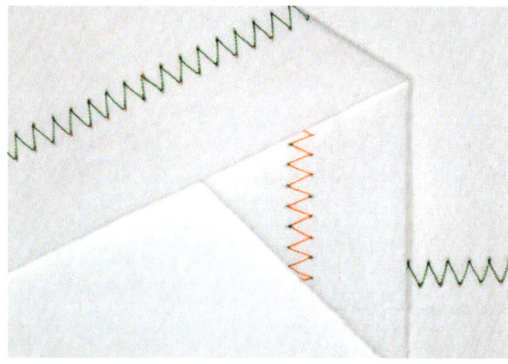

Fadenspannung bei Applikationen

Am schönsten sehen die Applikationen aus, wenn Sie als Oberfaden ein Stickgarn einfädeln. Als Unterfaden verwenden Sie einen speziellen Stickunterfaden.

Stellen Sie die Oberfadenspannung (hier grüner Faden) zwischen 2 und 3 mm ein.

Bei Nähmaschinen mit CB-Greifer fädeln Sie den Faden durch den Spulenkapselfinger.

Durch diese Veränderung an der Fadenspannung erscheint der Oberfaden auf der Stoffrückseite. Jetzt ist die Verschlingung der Fäden auf der Applikationsseite nicht mehr zu sehen, gleichzeitig wirkt die Zickzack-Raupe plastischer.

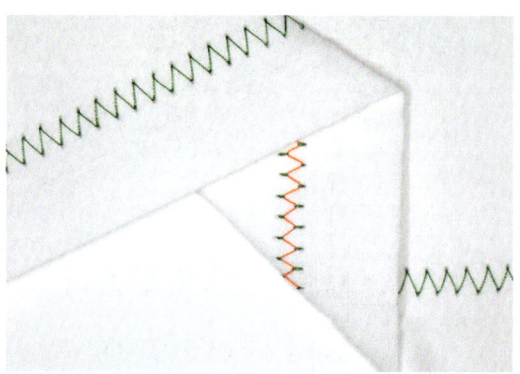

Nicht alles auf die Fadenspannung schieben!

Wenn das Stichbild nicht ideal ist, liegt es nicht immer an der Fadenspannung!

Bevor Sie also mit der Veränderung der Fadenspannung beginnen, überprüfen Sie Folgendes:

- Liegt der Faden zwischen den Fadenspannungsscheiben?
- Befinden sich kleine Fadenreste oder Fusseln zwischen den Fadenspannungsscheiben?
- Ist die Nähmaschine richtig eingefädelt?
- Schauen Sie nach, ob der Fadenhebel eingefädelt ist und ob alle Fadenführungen berücksichtigt sind.
- Prüfen Sie, ob der Faden sauber durch die Spulenkapsel läuft.
- Überprüfen Sie den Zustand der Nadel. Falls sie stumpf oder defekt ist, wechseln Sie die Nadel.
- Kontrollieren Sie die Einstellung von Stichlänge und Stichbreite.
- Entfernen Sie ab und zu die Stichplatte und reinigen Sie auch die Transporteur-Zwischenräume, denn hier sammeln sich Fusseln an, die die Stichplatte hochdrücken und die Fadenspannung beeinflussen.

Erst wenn das alles überprüft ist und stimmt, verändern Sie die Fadenspannung! Nähen Sie die Probenaht zuerst mit der empfohlenen Grundeinstellung der Fadenspannung. Verändern Sie die Einstellungen immer nur in kleinen Schritten.

Figuren mit Charakter

Unter ihrer Marke SCHACK SCHIRAFF® entwickelt und produziert die Grafik-Designerin /Illustratorin und Mutter von zwei Kindern Alwina Droll, Produkte für Kinder und kindische Erwachsene.

Ihre lustigen Figuren mit einzigartigen Geschichten gibt es hier auf Shirts, Mützen, Kissen, Lätzchen, Bodys, Taschen, Kuscheltieren, Türstoppern, Comics und vielem mehr.

Die Liebe zum Lachen mit und über das Leben transportiert Alwina durch SCHACK SCHIRAFF® mit farbenfrohen Designs, auf ihre ganz eigene, authentische Art und Weise.

Sehen Sie selbst unter:
www.schackschiraff.de

Die süßen Figuren „LaSchiraff©", „LöFüks©", „LaMuhr©`" und „LaFant©", sind die Hauptfiguren aus den einzigartigen Kinderbüchern der Reihe „Schack & Freunde©".

SCHACK SCHIRAFF® ist eine eingetragene Marke.
Alle Illustrationen und Produktnamen unterliegen dem Urheberrecht der Marke.

Die Verwendung der Figuren ist ausschließlich für die private Nutzung in Form von Applikationen erlaubt.

IMPRESSUM

Ein Buch wie dieses lässt sich ohne helfende Hände und weitreichende Unterstützung nicht realisieren. Daher möchte ich bei den nachfolgend aufgeführten Personen und Firmen ganz herzlich für Rat und Tat, Ideen, Hinweise und Unterstützung danken:

 SENCI – Nähzentrum
in Karlsruhe
www.naehzentrum-senci.de

 Bernina
www.bernina.com

 Babylock
www.babylock.de

 Brother
www.brothersewing.de

 Janome
www.janome.de

 Juki
www.juki.de

 Gütermann Garne
www.guetermann.com

 Madeira Garne
www.garne.madeira.de

 Prym
www.prym.com

 Schmetz Nadeln
www.schmetz.com

 Union Knopf
www.unionknopf.com

 Freudenberg
www.freudenberg.de

 Alwina Droll
Applikationsvorlagen
www.schackschiraff.de

SewingTraining Eisele
CH Weisslingen
www.sewingtraining.ch

Repro — HWD Vogel, Waldbronn

Texte — Gaby Seeberg-Wilhelm, Karlsruhe
Veruschka Rechel, Baden-Baden

Fotos — Michael C. Wilhelm, Karlsruhe
Andrea Fabry, Ettlingen

Gestaltung — Dipl.-Des. (FH) Ilona Hirth, Karlsruhe

Druck und Bindung — Firmengruppe APPL, aprinta druck, Wemding

Herausgeber — © 2013
myoverlock Verlag
Gaby Seeberg-Wilhelm, Karlsruhe
www.myoverlock.de

ISBN 978-3-9814218-2-8
1. Auflage 2013

Danke an meine bezaubernden Modelle Carola, Hannah, Jule, Linea, Linus und Sabine.